NEUAUSGABE MIT REVIDIERTER INTERPRETATION UND DATIERUNG

Stonehenge

und benachbarte Denkmäler

Stonehenge ist das berühmteste Denkmal aus vorgeschichtlicher Zeit in ganz Großbritannien. Es ist einmalig – in der ganzen Welt gibt es nichts Ähnliches. Von frühester Zeit an erweckte dieses Denkmal als eines der Wunder Britanniens im Besucher ehrfürchtiges Staunen.

Das Denkmal, das wir heute vor uns sehen, ist die letzte Phase von Stonehenge im Ruinenzustand: der prähistorische Tempel, der vor etwa 3600 Jahren genutzt wurde.

In der Entwicklung von Stonehenge gab es drei Phasen.

Das ursprüngliche Stonehenge bestand aus einem großen, kreisförmigen Erdwall, der wahrscheinlich vor etwa 5000 Jahren zeremoniellen Zusammenkünften diente.

Darauf folgte vor etwa 4900 bis 4600 Jahren die Errichtung von Holzstrukturen.

Die letzte Phase kam mit der Errichtung der sogenannten Blausteine, die von dem Preseli Berg in Wales herangeschafft wurden, gefolgt von der Errichtung des Steinkreises aus Sarsensteinen, die aus den Hügeln der Marlborough Downs stammten. Durch eine Folge verschiedener Formen der Aufstellung, die vor 4500 bis vor 4000 Jahren erfolgten, erhielt Stonehenge schließlich die Form des prähistorischen Tempels, dessen Ruine wir heute vor uns sehen.

Dieser Führer beginnt mit einer ausführlichen, bebilderten Beschreibung dessen, was der Besucher sieht. Die bemerkenswerten Eigenheiten von Stonehenge werden hervorgehoben, und durch einen Querverweis wird jeweils auf eine ausführlichere Beschreibung der Erbauung des Denkmals im zweiten Kapitel hingewiesen. Die Geschichte der prähistorischen Menschen, die Stonehenge erbauten, wird im dritten Kapitel erzählt. Und schließlich wird der Besucher angeregt, unter eigener Führung die ausgeschilderten Wege um Stonehenge zu erkunden und die Grabhügel und andere prähistorische Stätten zu besuchen.

Chronologisch folgt diese überarbeitete Ausgabe der Datierung, die in der Neubeurteilung des archäologischen Beweismaterials in *Stonehenge: a Monument in its Landscape* von Cleal, Montague & Walker (English Heritage, 1995) vorgenommen wurde.

Inhaltsverzeichnis

LINKS *Der Kreis aus Sarsensteinen mit noch aufliegenden Decksteinen, von Nordosten*

Veröffentlichung: ENGLISH HERITAGE
Herausgeber: Ken Osborne. Deutsche Übersetzung: Inge Shields. Gestaltung: Martin Atcherley & Associates
ISBN 1 85074 338 X.

2. Auflage: 1995
2. deutsche Auflage: 1995, 1996
Printed in England: Westerham Press, C100. 9/98

Rundgang durch Stonehenge

Stonehenge ist ein prähistorischer Tempel unvergleichlicher Bedeutung. Von frühester Zeit an erweckte er in seinen Besuchern Ehrfurcht und Neugier. Schon siebzig Jahre nach der Eroberung Englands durch die Normannen wurde er zum ersten Mal als eines der Wunder Britanniens erwähnt. Seitdem wurde immer wieder von fast jedem Volk vor- oder frühgeschichtlicher Zeit behauptet, es habe ihn erbaut.

Erst während des 20. Jahrhunderts haben archäologische Ausgrabungen verläßliche Informationen über sein Alter und seine Geschichte ergeben, die es uns jetzt ermöglichen zu sagen, welches die hauptsächlichen Merkmale von Stonehenge sind und wann ungefähr und in welcher Reihenfolge die verschiedenen Formen erbaut wurden.

Heute nähert sich der Besucher Stonehenge von Westen her. Ursprünglich lag der Eingang bei rituellen Anlässen auf der Nordostseite. Die Avenue – ein Prozessionsweg – wurde später in der gleichen Richtung hinzugefügt (siehe Seite 8, Plan). Eingang und Avenue sind auf die Richtung des Sonnenaufgangs zur Sommersonnenwende ausgerichtet. Der Verlauf der Avenue ist auf Luftaufnahmen erkennbar, läßt sich jedoch auch auf der Erde verfolgen.

Die letzte Phase von Stonehenge zeigt sich dem heutigen Besucher als Ruine. Als der Tempel noch vollständig war, bestand Stonehenge aus einem Steinkreis mit durchgehend aufliegenden Decksteinen, der eine innere, hufeisenförmige Anordnung von Steinen einschloß, die – was eventuell von Bedeutung ist – auf der Nordostseite offen war. Der Steinkreis war von einem Erdwall mit Graben umgeben. Der Eingang wird von dem umgestürzten Opferstein *(Slaughter Stone)*, (ursprünglich ein Portalstein), und etwas weiter von dem berühmten *Heel Stone* [gr. "helios" = Sonne] gekennzeichnet, über dem von der Mitte des Steinkreises aus gesehen die Sonne zur Sommersonnenwende aufgeht. Auf der Südseite befindet sich ein zweiter, kleinerer Eingang.

Wonach man Ausschau halten sollte

Die stehenden Steine in der Mitte bestehen aus zwei Hauptgesteinsarten. Die größeren Blöcke und ihre Decksteine sind alle aus **Sarsen**, einem natürlichen grauen Sandstein, der etwa 30km nördlich von Stonehenge in Form riesiger Felsbrocken auf den Marlborough Downs vorkommt. Die kleineren Steine werden aufgrund ihrer blauen Färbung **Bluestones**, d.h. Blausteine, genannt. Sie bestehen aus verschiedenen Gesteinsarten und stammen von dem Preseli Berg im Südwesten von Wales, ungefähr 350km von Stonehenge entfernt.

Der **Kreis aus Sarsensteinen**, der einen Durchmesser von etwa 30m besitzt, bestand ursprünglich aus 30 Tragsteinen, die jeder etwa 25 Tonnen wogen. Abgedeckt wurde er von einem durchgehenden Ring aus 30 Decksteinen, jeder mit einem Gewicht von etwa 7 Tonnen. In diesem Kreis befand sich eine hufeisenförmige Anordnung von fünf **Sarsentrilithen**. Jeder bestand aus zwei gewaltigen Steinpfeilern von einem Gewicht bis zu 45 Tonnen und wurde von einem wuchtigen Deckstein abgeschlossen.

RUNDGANG DURCH STONEHENGE

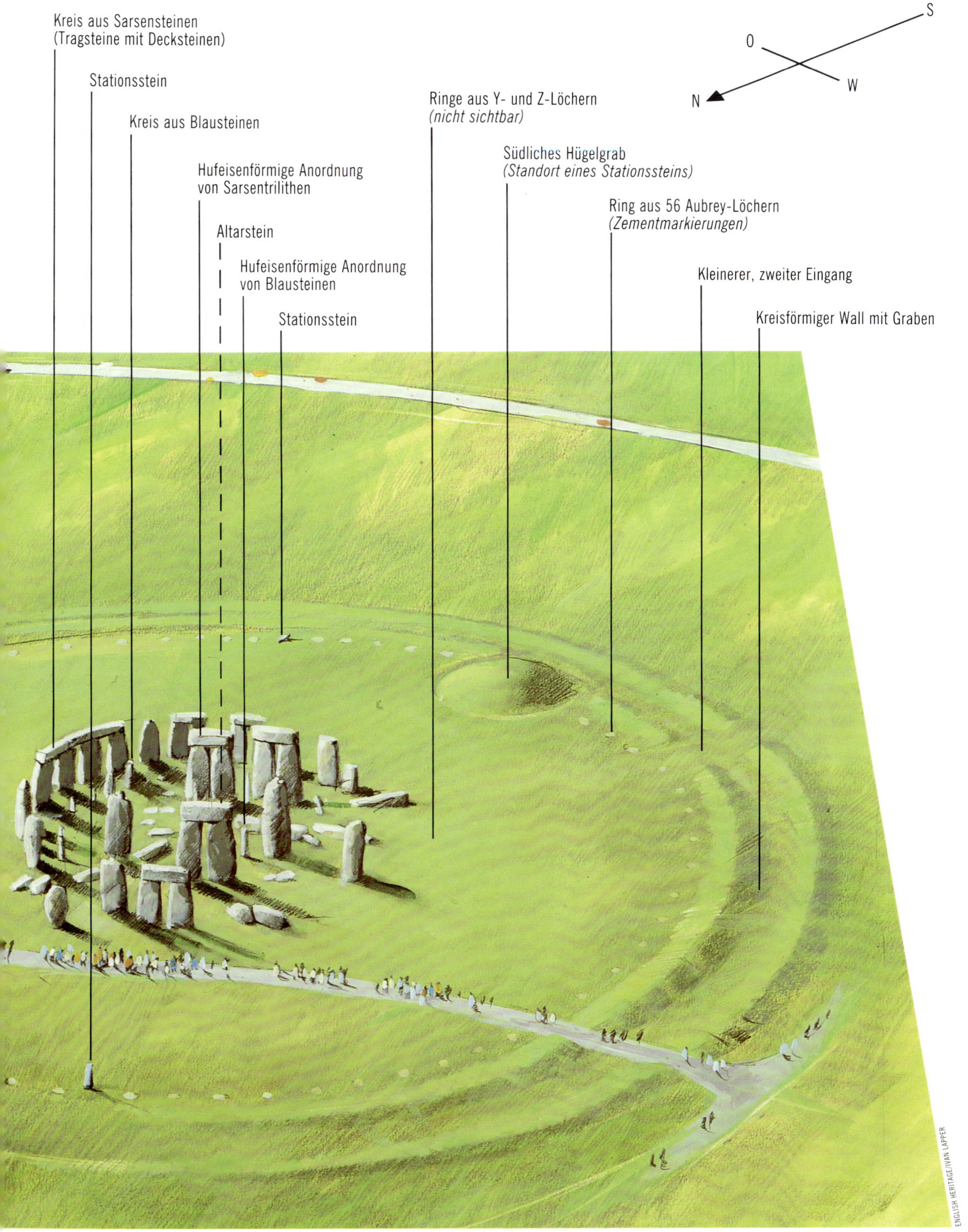
Kreis aus Sarsensteinen
(Tragsteine mit Decksteinen)
Stationsstein
Kreis aus Blausteinen
Hufeisenförmige Anordnung
von Sarsentrilithen
Altarstein
Hufeisenförmige Anordnung
von Blausteinen
Stationsstein
Ringe aus Y- und Z-Löchern
(nicht sichtbar)
Südliches Hügelgrab
(Standort eines Stationssteins)
Ring aus 56 Aubrey-Löchern
(Zementmarkierungen)
Kleinerer, zweiter Eingang
Kreisförmiger Wall mit Graben
S
O
W
N
ENGLISH HERITAGE/IVAN LAPPER

ENGLISH HERITAGE

OBEN *Blaustein mit Rille, Teil der hufeisenförmigen Anordnung aus Blausteinen.*

UNTEN *Kreis aus Sarsensteinen. Im Vordergrund fünf Steine des Kreises aus Blausteinen.*

Mit Ausnahme des Heel Stone und der Stationssteine wurden alle Sarsensteine behauen, indem man ihre Oberfläche mit Steinhämmern bearbeitete. Die aufrecht stehenden Tragsteine haben oben eine leichte Vertiefung, um dadurch eine sichere Auflage für die Decksteine zu gewährleisten. Weiterhin ließ man nach oben herausragende Zapfen stehen, die in entsprechend ausgehöhlte Zapfenlöcher an der Unterseite der Decksteine paßten. Die Decksteine des äußeren Kreises wurden außerdem durch vertikale Spundung miteinander verbunden (siehe Seite 11 "Der Kreis aus Sarsensteinen" und Seite 15 "Wie Stonehenge gebaut wurde", worin der Transport und das Aufrichten der Sarsensteine beschrieben wird).

Der **Kreis aus Blausteinen** ist heute sehr verfallen und unvollständig und steht innerhalb des Sarsensteinkreises. Ursprünglich bestand er aus etwa 60 dicht gesetzten Steinen. Nur zwei der noch vorhandenen Steine waren bearbeitet worden, und diese hatte man beide vorher als Decksteine verwendet.

Das **Hufeisen aus Blausteinen** steht innerhalb der hufeisenförmigen Anordnung aus Sarsensteinen und bestand ursprünglich aus 19 Steinen, die nach der Mitte hin an Höhe zunahmen. Sie waren alle in zwei unterschiedliche Formen behauen worden: entweder als viereckiger Pfeiler oder als Obelisk, der sich nach oben verjüngte. Diese Formen wurden abwechselnd in dem Hufeisen verwendet. Zwei davon zeigen heute noch Spuren nach oben herausragender Zapfen, die jedoch fast völlig abgeschlagen sind. Ein weiterer hat – ähnlich wie die Sarsensteine – oben ebenfalls eine leichte Vertiefung und in dem daneben stehenden Pfeiler ist auf einer Seite von oben nach unten eine durchgehende Rille eingehauen. Dieser Stein muß einmal an einen anderen mit entsprechend vorstehendem Steg angepaßt gewesen sein, der jedoch heute nur noch als Stumpf auf der gegenüberliegenden Seite des Hufeisens in der Erde überlebt hat (siehe Seite 10 "Die Ankunft der Blausteine" und Seite 15 "Wie Stonehenge gebaut wurde", worin der Transport der Blausteine beschrieben wird).

Im Zentrum des Hufeisens aus Blausteinen befindet sich der **Altarstein**, ein behauener Block aus blaugrauem Sandstein, der von der Küste bei Milford Haven in der Grafschaft Pembrokeshire

GEGENÜBERLIEGENDE SEITE *Zwei Trilithen des Hufeisens aus Sarsensteinen mit davorstehenden Blausteinen. Achten Sie auf die Bearbeitung der Tragsteine, die leichte Krümmung der Decksteine sowie die Neigung ihrer Seiten nach außen – Verfeinerungen, die nur in Stonehenge vorkommen.*

ENGLISH HERITAGE

ENGLISH HERITAGE

MICHAEL BLAKE

LINKS *Der Heel Stone markiert den ursprünglichen Zugang zu Stonehenge. Er zeigt von der Mitte aus gesehen die Richtung des Sonnenaufgangs zur Zeit der Sommersonnenwende an.*

stammt. Er ist etwa 5m lang. Heute liegt er unter dem umgestürzten Tragpfeiler und dem heruntergefallenen Deckstein des mächtigen Sarsentrilithen in der Erde begraben, stand jedoch ursprünglich wahrscheinlich als Pfeiler aufrecht.

Zwei heute über der Erde nicht mehr sichtbare Kreise aus Löchern, die bei Ausgrabungen gefunden wurden, werden auf dem Plan direkt außerhalb des Sarsenkreises gezeigt. Wir bezeichnen sie als **Y- und Z-Löcher**. Sie waren wahrscheinlich zur Aufnahme weiterer Blausteine gedacht, blieben jedoch ungenutzt (siehe Seite 12).

Gehen Sie jetzt bitte auf dem Pfad weiter und wenden Sie sich nach links der entferntesten Seite des Kreises zu..

Erdwall und Avenue (Prozessionsweg)

Die äußere Grenze von Stonehenge wird von einem niedrigen, kreisförmigen **Wall** gebildet, der etwa 30m von den Steinen entfernt verläuft. Er war ursprünglich 1,80m hoch und bestand aus Kreidegeröll, das aus dem direkt vor dem Wall liegenden **Graben** ausgehoben worden war. Im Verlauf von fast fünfzig Jahrhunderten ist der größte Teil verwittert und wieder zurückgerutscht. Die Umrisse des sehr unregelmäßigen Grabens sind dadurch nicht mehr sehr deutlich zu erkennen. Er bestand ursprünglich aus einer Reihe grob ausgeschachteter Gruben mit steilen Wänden und flacher Sohle. Ausgrabungen fanden zwischen 1919 und 1926 in einer Hälfte des Grabenverlaufs statt und wurden anschließend nur teilweise wieder zugeschüttet. Ausgrabungen der anderen Hälfte haben bisher nicht stattgefunden (siehe Seite 9 "Das erste Stonehenge").

Auf der Nordostseite, der Straße am nächsten gelegen, durchbricht ein breiter **Haupteingang** den Erdwall, ein kleinerer Eingang befindet sich auf der Südseite. Vom Haupteingang aus führt die **Avenue**, auf beiden Seiten von einem niedrigen Wall und Graben gekennzeichnet, hügelabwärts über die Straße und endet schließlich in West Amesbury am Ufer des Flusses Avon. In der Avenue steht dicht an der Straße der *Heel Stone*, um den die Spuren eines kreisförmigen Grabens erkennbar sind. Ausgrabungen im Jahr 1979 weisen darauf hin, daß der *Heel Stone* möglicherweise Teil eines Steinpaars oder sogar Teil einer ganzen Steinreihe war.

Dicht an der Innenseite des Walls verläuft ein Ring aus 56 Löchern, die jetzt zugeschüttet sind, und nach ihrem Entdecker, John Aubrey (1626-97), **Aubrey-Löcher** genannt werden. Ausgrabungen wurden an etwa der Hälfte dieser Löcher vorgenommen. Sie sind heute durch in den Rasen eingelassene weiße Scheiben aus Zement gekennzeichnet.

Am Eingang zum Erdwall befindet sich ein großer, umgestürzter Stein, der als Opferstein *(Slaughter Stone)* bekannt ist. Er stand ursprünglich an seiner Außenkante aufrecht und bildete zusammen mit einem ähnlichen Stein, der heute jedoch verschwunden ist, das zeremonielle Tor zu dieser Stätte. Weiter am Erdwall entlang, der Linie der Aubrey-Löcher folgend, befinden sich zwei kleinere Steine, von denen einer umgestürzt ist, der andere jedoch noch aufrecht steht. Sie werden als **Stationssteine** bezeichnet. Zwei weitere, heute ebenfalls nicht mehr vorhandene Steine, standen in ähnlichem Abstand innerhalb des Walls. Jeder besaß eine kleine grabenförmige Einfriedung. Sie werden als nördliches und südliches Hügelgrab *(Barrows)* bezeichnet (zu Aubrey-Löchern siehe Seite 9 "Das erste Stonehenge").

ENGLISH HERITAGE

LINKS *Diese einmalige Luftaufnahme von Stonehenge unter einer Schneedecke zeigt deutlich die genauen Umrisse des Denkmals. Der Steinkreis wird von einem Wall mit Graben umschlossen. Jenseits des Steinkreises sieht man den Heel Stone sowie den Verlauf der Avenue, die von der modernen Straße durchschnitten wird.*

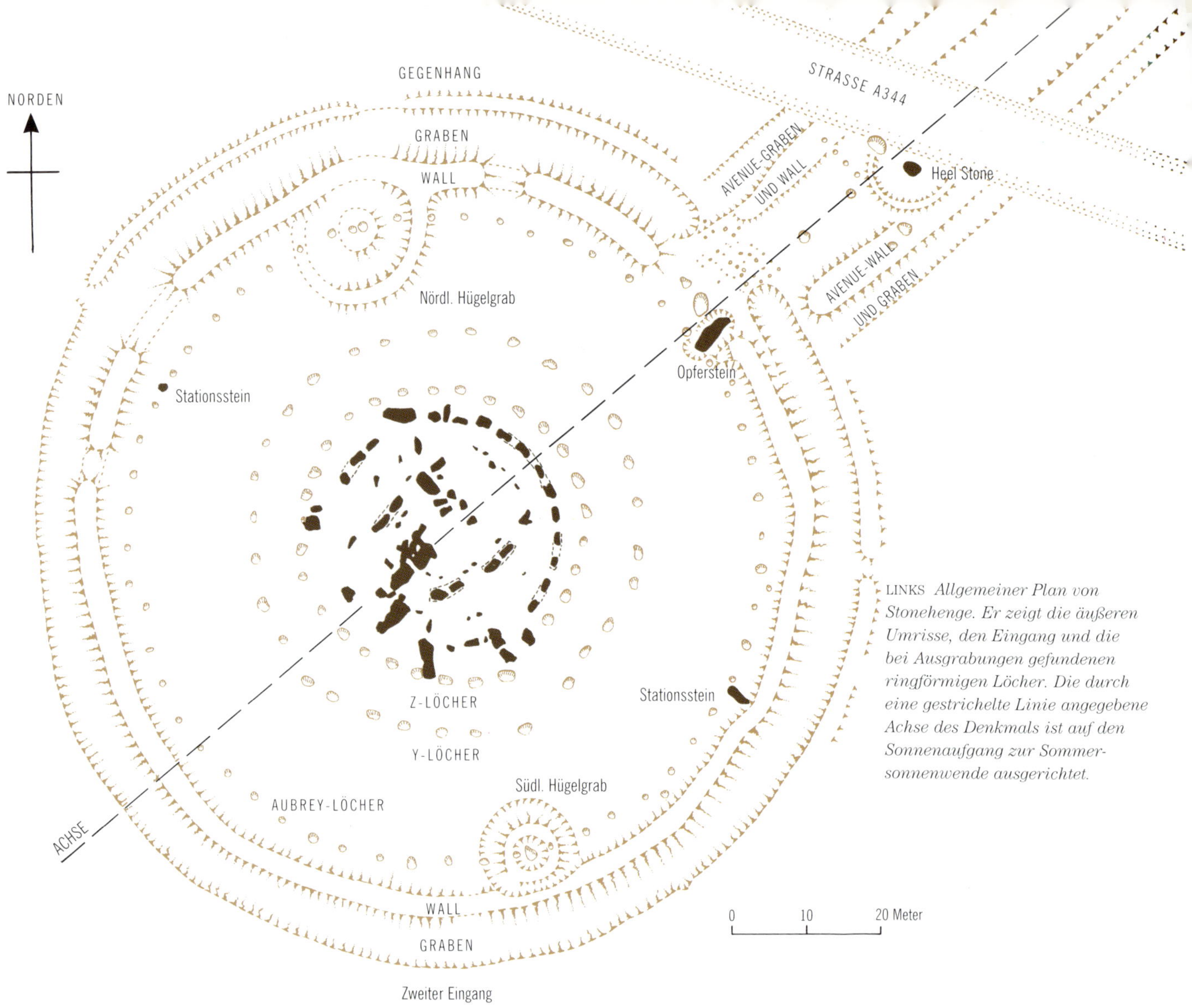

LINKS *Allgemeiner Plan von Stonehenge. Er zeigt die äußeren Umrisse, den Eingang und die bei Ausgrabungen gefundenen ringförmigen Löcher. Die durch eine gestrichelte Linie angegebene Achse des Denkmals ist auf den Sonnenaufgang zur Sommersonnenwende ausgerichtet.*

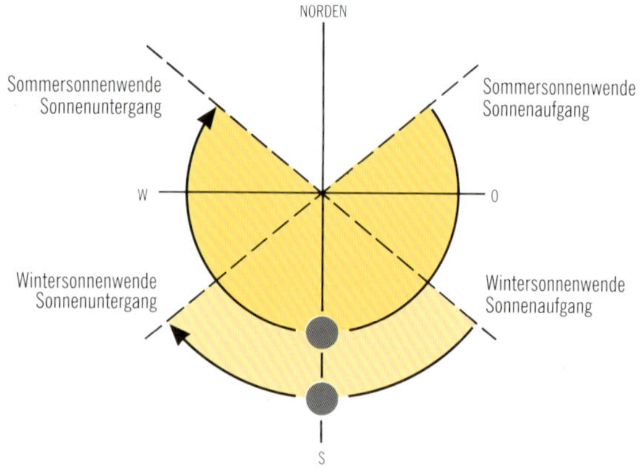

OBEN *Jahreszeitliche Unterschiede zwischen Sonnenaufgang und -untergang im Süden Britanniens.*

RECHTS *Zeittafel – zeigt die Phasen von Stonehenge im Zusammenhang mit benachbarten Denkmälern aus prähistorischer Zeit.*

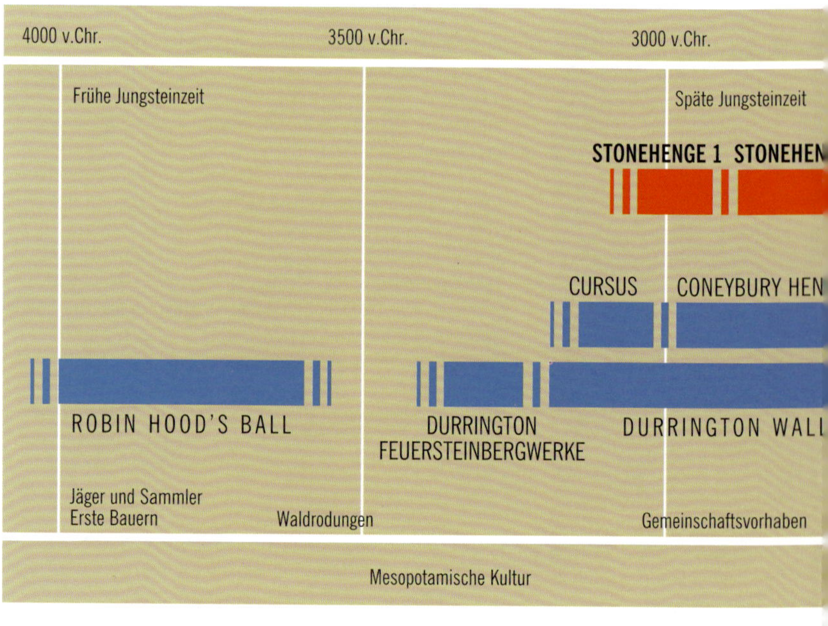

Stonehenge, Geschichte und Bau

Wie bei vielen späteren Kathedralen und Kirchen wurden nicht alle Teile des "Gebäudes", das wir heute in Stonehenge sehen, zur gleichen Zeit errichtet. Aufgrund der erfolgten Ausgrabungen sind wir heute in der Lage, die Geschichte von Stonehenge in verschiedene Phasen zu unterteilen, die sich von etwa 3050 v.Chr. bis 1600 v.Chr. über einen Zeitraum von etwa fünfzehn Jahrhunderten erstrecken.

OBEN *Das erste Stonehenge bestand aus Graben, Wall und Gegenhang, welche die Aubrey-Löcher einschlossen. Es gab einen Haupteingang im Nordosten, dessen Ausrichtung etwa dem heutigen entsprach, und einen zweiten Eingang im Süden. Nachweise für bauliche Strukturen in der Mitte gibt es nicht.*

Das erste Stonehenge

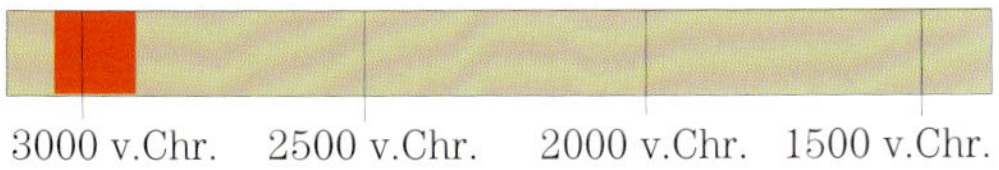

IN SEINER ERSTEN PHASE bestand Stonehenge aus einem kreisförmigen Erdwall, der seinem Aussehen nach einer Einfriedung mit erhöhten Zugängen aus der Jungsteinzeit (Neolithikum) ähnlich war (siehe Seite 30). Er mag bei feierlichen Anlässen eines Stammes als Treffpunkt gedient haben, seine Ausrichtung legt jedoch auch eine Beziehung zum Sonnenaufgang der Sommersonnenwende nahe.

Die frühesten Anlagen waren der kreisförmige Wall und Graben, die heute noch existieren und etwa auf das Jahr 3050 v.Chr. zurückgehen. Innerhalb des Walls wurde der Ring aus Audrey-Löchern gegraben. Es handelt sich um runde, etwa einen Meter breite und einen Meter tiefe Löcher in der Kreide, mit steilen Wänden und flacher Sohle. Sie bilden einen Kreis von 86,60m Durchmesser. Ursprünglich dienten sie als Gruben für Pfosten aus Holz, wurden jedoch später nicht mehr gebraucht oder bei Bestattungen durch Verbrennung nur noch zur Beisetzung der Asche verwendet.

Der kreisförmige Wall besitzt zwei Eingänge: einen erhöhten Hauptzugang im Nordosten, der auf die Richtung des Sonnenaufgangs zur Sommersonnenwende ausgerichtet ist und einen kleineren zweiten Eingang im Süden. Keine der in der Mitte liegenden Teile des Bauwerks lassen sich dieser Phase zuordnen, obwohl es natürlich auch möglich sein könnte, daß etwaige Beweise hierfür durch seine späteren Entwicklungsphasen unkenntlich gemacht wurden.

Diese früheste Phase Stonehenges entstand zur gleichen Zeit wie der etwas weiter nördlich liegende Cursus (Seite 31). Die Bevölkerung, die bisher nicht seßhaft gewesen war, begann, sich in der näheren Umgebung niederzulassen. Ihre Toten wurden in Hünengräbern *(Long Barrows)* bestattet (Seite 30).

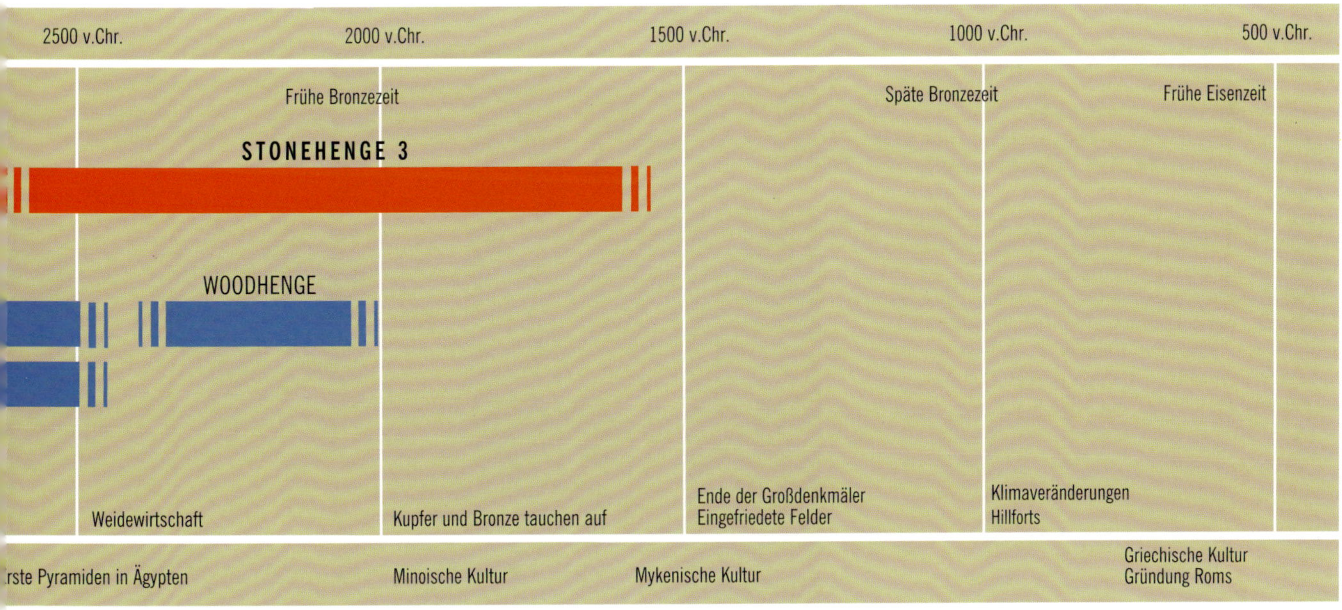

OBEN *Die zweite Phase von Stonehenge bestand aus Holzstrukturen innerhalb des Erdwalls, zwischen 2900 v.Chr. und 2600 v.Chr. Ausgrabungen ergaben ein kompliziertes Muster von Pfostenlöchern in der Mitte und an der Außenseite, im Nordosteingang und auf den südlichen Eingang zulaufend. Es ist unmöglich genau zu wissen, woraus diese Strukturen bestanden. Daher können auf dieser Zeichnung lediglich die bekannten Pfostenlöcher gezeigt werden.*

OBEN *Die dritte Phase von Stonehenge begann mit der Ankunft der Blausteine von dem Preseli Berg in Südwestwales. Sie waren ursprünglich in einer doppelten Halbkreisform aufgestellt. Archäologische Ausgrabungen deuten darauf hin, daß dies die frühesten baulichen Strukturen aus Stein an dieser Stätte waren, die der Aufstellung der Stationssteine und des Kreises aus Sarsensteinen um mehrere Jahrhunderte vorausging.*

Die Holzstrukturen

3000 v.Chr. 2500 v.Chr. 2000 v.Chr. 1500 v.Chr

DIE ZWEITE PHASE von Stonehenge dauerte etwa drei Jahrhunderte, von 2900 v.Chr. bis 2600 v.Chr. Archäologisches Beweismaterial zeigt, daß im Inneren des Erdwalls, oder *Henge*, Holzstrukturen hinzukamen, obgleich deren Gestaltung, Form oder Umfang nicht bestätigt werden können.

Die ausgehende Jungsteinzeit sah die Entwicklung weiterer, mit *Henge* bezeichneten Erdanlagen, wie zum Beispiel Durrington Walls und Coneybury. An diesen Stätten weist die interne Anordnung der Pfostenlöcher auf Holzstrukturen in der Form von überdachten Gebäuden oder Markierungszeichen des Stammes hin.

In Stonehenge bestanden Holzstrukturen in der Mitte des Denkmals und im Nordosteingang, weitere verliefen zum südlichen Eingang hin.

Man ließ es zu, daß sich der Graben auf natürliche Weise wieder füllte. Bei Bestattungen durch Verbrennung wurde hier und in den nicht länger benutzten Aubrey-Löchern die Asche beigesetzt. Es ist möglich, daß diese Stätte eine "himmelsbezogene" Bedeutung für Beisetzungen hatte.

Für diese zweite Phase von Stonehenge gibt es Beweise für Niederlassungen innerhalb eines Bereichs von nur einem Kilometer von Stonehenge und wahrscheinlich auch einer großen Palisade, was auf formelle Landaufteilung schließen läßt.

Die Ankunft der Blausteine

3000 v.Chr. 2500 v.Chr. 2000 v.Chr. 1500 v.Chr

DIE DRITTE UND LETZTE PHASE von Stonehenge sah die Ankunft von Steinen, die über große Entfernungen transportiert wurden. Dies begann mit den Blausteinen etwa um 2600 v.Chr. Blausteine von dem Preseli Berg in Wales – jeder mit einem Gewicht von bis zu 4 Tonnen – wurden aufgestellt, um in der Mitte des Erdwalls einen doppelten Halbkreis zu bilden. Die durch Ausgrabungen festgestellten Vertiefungen, in die sie eingesetzt wurden, werden als **Q- und R-Löcher** bezeichnet. Es ist nicht bekannt, ob diese Struktur als Kreisform beabsichtigt war, sie wurde jedoch nach einiger Zeit wieder abgebaut.

LINKS *Drei der Blausteine in ihrer endgültigen Aufstellung. Die Größe der Blausteine ist unterschiedlich, doch die meisten waren etwa 2m hoch. Ursprünglich gab es etwa sechzig Blausteine.*

ENGLISH HERITAGE/IVAN LAPPER

OBEN *Die dritte Phase erreichte ihren Höhepunkt mit der spektakulären Konstruktion des riesigen Kreises aus Sarsensteinen und der Avenue, d.h. des Prozessionsweges. Der Haupteingang wurde durch den Heel Stone und die Portalsteine gekennzeichnet. Die Blausteine wurden innerhalb des Kreises aus Sarsensteinen erneut in einer Weise aufgestellt, die uns nicht bekannt ist.*

Der Kreis aus Sarsensteinen

3000 v.Chr. 2500 v.Chr. 2000 v.Chr. 1500 v.Chr

ETWA ZWEI ODER DREI JAHRHUNDERTE nach Ankunft der Blausteine begann die Aufstellung des Kreises aus Sarsensteinen. Sie sollte zu einer der größten Errungenschaften der vorgeschichtlichen Zeit werden.

Dieses riesige "technische" Projekt begann mit dem Transport der Sarsensteine. Jeder wog über 25 Tonnen und mußte aus den 30km nördlich gelegenen Hügeln der Marlborough Downs herantransportiert werden. In der Mitte wurden fünf riesige Trilithen errichtet. Sie bestanden alle aus zwei Tragsteinen und einem Deckstein und um sie herum wurden 30 Sarsen-Tragsteine in einer Kreisform aufgestellt und von einer fortlaufenden Reihe aus Decksteinen (ebenfalls Sarsensteine) abgedeckt, von denen jeder verzapft und der Krümmung des Kreises entsprechend geformt war. Die Blausteine wurden innerhalb des Kreises ebenfalls wieder neu aufgestellt.

Der Haupteingang im Nordosten wurde von drei Portalsteinen markiert. Heute ist nur noch einer vorhanden, der umgestürzte Opferstein *(Slaughter Stone)*. Außerhalb des Eingangs wurden der *Heel Stone* und ein zweiter Stein errichtet, die die Ausrichtung auf den Sonnenaufgang während der Sommersonnenwende anzeigten.

Innerhalb der Wallgrenzen markierten die vier Stationssteine Ausrichtungen auf Mondzyklen sowie auf den Sonnenuntergang während der Wintersonnenwende. Im Gegensatz zu den Steinen in der Mitte des Kreises wurden weder die Stationssteine noch der *Heel Stone* behauen. Es ist daher möglich, daß diese Sarsensteine aus der Zeit vor der Errichtung des Kreises stammen. Gewißheit ist aber unmöglich.

Wir wissen jedoch mit Sicherheit, daß die Avenue (Prozessionsweg) etwa um diese Zeit markiert wurde. Wahrscheinlich war es der Weg der Sarsensteine in die Erdanlage. Diese Avenue führte direkt zum Eingang von Stonehenge, und ihr Verlauf wird durch parallel-laufende Gräben und Wälle gekennzeichnet.

Die außergewöhnliche Anordnung und Bauweise von Stonehenge zeigt eine Reihe von Verfeinerungen, die man sonst nirgends bei den prähistorischen Steindenkmälern Europas außerhalb des Mittelmeergebietes findet. Als erstes wurden alle Steine vor dem Aufstellen rechtwinklig zugehauen und ihre Oberflächen mit Steinhämmern geformt. Zweitens wurden die Decksteine auf den Trägersteinen durch eine aus solidem Stein gearbeitete Zapfen/Zapfenloch-Verbindung gehalten und die Decksteine durch vertikale Spundung an ihren Enden miteinander verbunden. Drittens sind die Seiten der Decksteine der Krümmung des Kreises entsprechend geformt und die Seiten der Trilithen-Decksteine der Perspektive des Betrachters

UNTEN *Einer der fünf massiven Trilithen, die innerhalb des Kreises aus Sarsensteinen aufgestellt wurden.*

ENGLISH HERITAGE

OBEN *In seiner letzten Phase bestand Stonehenge aus dem Kreis aus Sarsensteinen und den hufeisenförmig aufgestellten Trilithen, die jeweils einen Kreis und ein Hufeisen aus Blausteinen umschlossen. Ein doppelter Kreis aus Y- und Z-Löchern war um den Sarsenkreis gegraben worden, die Löcher blieben jedoch ungefüllt.*

zugeneigt. Dies alles sind Verfeinerungen der Bauweise, die nur in Stonehenge zu finden sind.

Die Verbindung der Steine untereinander wurde wahrscheinlich den Methoden der Holzbearbeitung nachempfunden und wir wissen, daß Holzstrukturen während der zweiten Phase von Stonehenge verwendet worden waren, wie dies auch in Durrington Walls und an anderen Stätten der Fall war. Die Verjüngung der Sarsensäulen nach oben mag die Nachahmung einer natürlichen Baumform sein, um dadurch die Illusion größerer Höhe zu schaffen. Auf gleiche Weise läßt die Neigung der Seiten der Trilithen-Decksteine sie einem Beobachter innerhalb der hufeisenförmigen Anordnung vertikal erscheinen.

In Anbetracht der Größe und des Gewichts der Steine und der primitiven Möglichkeiten, die für ihren Transport, das Behauen und Aufstellen zur Verfügung standen, stellt Stonehenge eine der eindrucksvollsten und erstaunlichsten Leistungen prähistorischer Menschen in Europa dar.

Die letzte Phase von Stonehenge erstreckte sich über weitere 700 Jahre bis etwa um 1600 v.Chr. Archäologische Ausgrabungen in bezug auf diese Periode zeigen keine Veränderung in der Anordnung des Kreises aus Sarsensteinen und Hufeisens, doch aus unbekannten Gründen wurden die Blausteine mindestens dreimal umgestellt. Eventuell sollten sie die Anordnungen der Sarsensteine imitieren und wurden daher ebenfalls in einer Kreisform und einem Oval aufgestellt. Bei der letzten Aufstellung wurden sie dann in einer Kreisform und einer Hufeisenform angeordnet. Etwa 1700 v.Chr. wurde auf der Außenseite des Kreises aus Sarsensteinen ein doppelter Kreis aus Y- und Z-Löchern gegraben. Möglicherweise hatte man die Absicht die Blausteine wieder einmal umzustellen. Aus uns unbekannten Gründen blieb diese Arbeit jedoch unvollendet.

Während der tausend Jahre, die die dritte Phase dauerte, fanden in der landschaftlichen Umgebung von Stonehenge beträchtliche kulturelle Veränderungen und Entwicklungen statt. Siedlungen vermehrten sich. Vom Jahr 2000 v.Chr. an ersetzten Werkzeuge und Waffen aus Metall allmählich Feuerstein und Stein. Runde Hügelgräber *(Round Barrows)*, oft in Gruppen angeordnet, verwendete man für Einzelbestattungen von Königen oder Anführern. Meistens gab man ihnen Grabgeschenke mit, die ihnen die Reise in das nächste Leben leichter machen sollten. Das Umfeld von Stonehenge mag keine sehr große Lokalbevölkerung getragen haben, es wurde jedoch offensichtlich mit großem Geschick verwaltet, um Gemeinschaftsarbeiten wie etwa den Bau des Kreises aus Sarsensteinen zu ermöglichen. Sogar wenn Arbeitskräfte importiert wurden, muß der Bau von Stonehenge einige Jahre gedauert haben (dies wird auf Seite 15 in dem Kapitel "Wie Stonehenge gebaut wurde" ausführlicher besprochenen).

OBEN *Die Seite dieses Sarsensteins wurde behauen. Flache Rillen glätten die rauhe Oberfläche des Natursteins.*

ENGLISH HERITAGE

LINKS *Der höchste der noch stehenden Steinpfeiler des großen zentralen Trilithen wiegt über 45 Tonnen und ist 6,70m hoch. Sein heruntergefallener Deckstein liegt im Vordergrund. Die Zapfen/Zapfenloch-Verbindungen sind auf dieser Photographie deutlich zu erkennen.*

ENGLISH HERITAGE

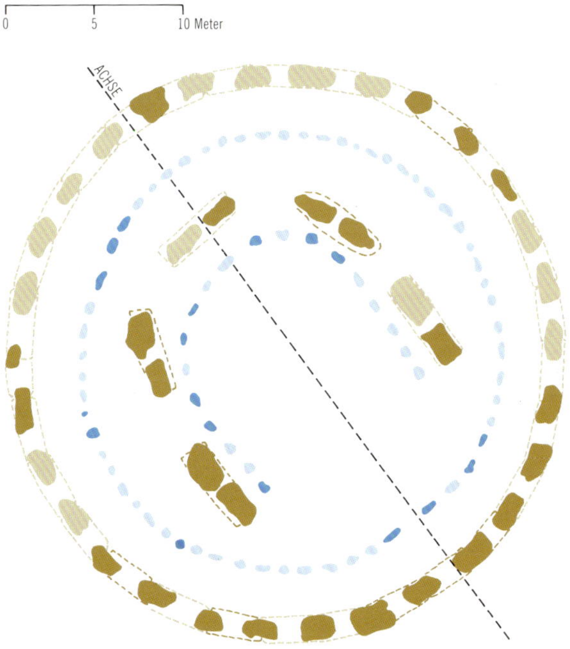

OBEN *Stonehenge in seiner heutigen Form. Die Sarsensteine sind braun (aufrecht) und beige (umgestürzt) gekennzeichnet, Blausteine blau (aufrecht) und hellblau (umgestürzt). Decksteine sind mit gestrichelter Linie markiert.*

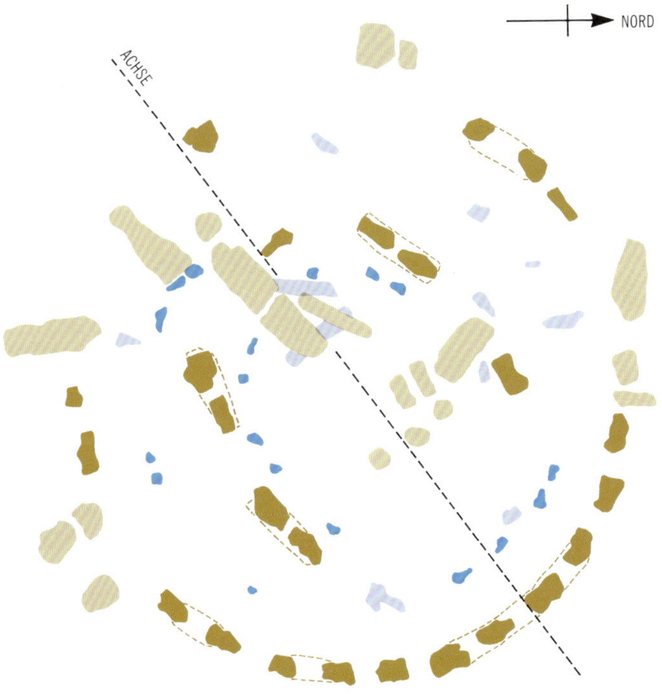

OBEN *Stonehenge wie es einmal war. Die Steine werden in ihrer ursprünglichen Lage gezeigt. Sarsensteine sind braun (heute noch stehend) und beige (umgestürzt oder nicht vorhanden) gekennzeichnet, Blausteine blau (heute noch stehend) und hellblau (umgestürzt oder fehlen). Decksteine sind mit gestrichelter Linie markiert.*

Darstellungen auf den Steinen

Mehrere Sarsenpfeiler zeigen an den Seiten vorgeschichtliche Darstellungen. Die früheste befindet sich ganz oben an der Innenseite des vierten Trilithen des Hufeisens und ist eine flache, langgezogene Form. Es wird angenommen, daß sie Darstellungen ähnelt, die man in jungsteinzeitlichen Grabkammern in der Bretagne fand und von denen manchmal vermutet wird, daß sie auf vereinfachte und symbolische Weise eine Muttergottheit darstellen. Diese Darstellung ist vom Boden aus nicht zu erreichen und wurde daher wahrscheinlich in den Stein gehauen, ehe er aufgestellt wurde.

OBEN *Die flache, rechteckige Darstellung auf dem vierten Trilithen ähnelt den Symbolen der Muttergöttin, die in jungsteinzeitlichen Grabkammern in der Bretagne gefunden wurden.*

Die Darstellungen auf den anderen Steinen sind näher am Boden und wurden wahrscheinlich gehauen, als die Steine schon aufgestellt waren. Bei den meisten handelt es sich um Darstellungen von Axtklingen aus Bronze in natürlicher Größe, wie sie in Britannien und Irland zwischen 1800 v.Chr. und 1500 v.Chr. in der frühen Bronzezeit üblich waren. Bei einer der Darstellungen, der eines Bronzedolches, könnte es sich jedoch auch um einen fremdländischen Dolch handeln, von der Art etwa, wie sie in den Schachtgräbern von Mykene in Griechenland gefunden wurden. Diese Hypothese wird jedoch heute angezweifelt. Zumindest in einem der Grabhügel aus der frühen Bronzezeit in der Nähe von Stonehenge finden sich Beweise einer ähnlichen Verbindung gleichen Datums, doch die Identifizierung dieser Steindarstellung in Stonehenge muß die persönliche Ansicht ihres Entdeckers bleiben.

Die Gründe für diese Darstellungen werden wir nie mit Bestimmtheit wissen, doch wir können annehmen, daß diese Waffen aus Bronze eine spezielle symbolische Bedeutung hatten, so wie zum Beispiel auf heutigen Kriegerdenkmälern ein Bronzeschwert symbolhaft für den gefallenen Soldaten und für das christliche Kreuz steht. Diese Darstellungen sind heute alle sehr stark verwittert, es ist dennoch offensichtlich, daß sie durch Behauen mit kleinen Steinhämmern in ganz ähnlicher Weise geformt wurden, wie man schon zuvor die Sarsensteine durch Behauen geglättet hatte. Sarsenstein ist viel zu hart, um ihn mit Meißeln aus Bronze bearbeiten zu können.

UNTEN *Darstellungen auf dem zweiten Trilithen. Links könnte es sich um einen mykenischen Dolch handeln; rechts eine Axtklinge aus Bronze.*

Wie Stonehenge gebaut wurde

Stonehenge ist eine der bemerkenswertesten Leistungen vorgeschichtlicher "Technik" in Europa. Die einzige Antriebsenergie, die für den Bau zur Verfügung stand, war Muskelkraft, unterstützt von einfachsten Mitteln wie Seile, Hebel und Rollen.

Der Graben, die Aubrey-Löcher und alle weiteren Löcher für Steine und Pfosten wurden mit Spitzhacken ausgehoben, die man aus Hirschgeweihen gefertigt hatte. Das Kreidegeröll wurde mit Hacken gelöst, mit Schulterblättern von Rindern zusammengeschoben und in Körbe geladen, die dann dort, wo das Material gebraucht wurde, ausgeschüttet wurden. Möglicherweise wurden auch Holzschaufeln verwendet, doch von ihnen sind keine Spuren mehr vorhanden. Moderne Experimente zeigten, daß diese Werkzeuge sehr viel effektiver waren, als sie aussehen. Um mit ihnen den Graben von Stonehenge auszuheben und den Erdwall aufzuschütten, hätte nur zweimal so lange gedauert, als dies heute mit Hacken und Schaufeln aus Stahl sowie Körben der Fall wäre.

Wir sind heute sicher, daß die Blausteine von Stonehenge von dem Preseli Berg im Südwesten von Wales und von der Küste bei Milford Haven kommen. Ob sie direkt nach Stonehenge gebracht wurden oder zuerst zu einer Zwischenstation – jedenfalls ist ihr Transport über eine derart große Entfernung eine erstaunliche Leistung. Die Karte zeigt die wahrscheinlichste Route. Von dem Preseli Berg aus, wo Felsblöcke aus Blaustein in allen Größen und Formen an der Erdoberfläche liegen, schleppte man sie wahrscheinlich auf Schlitten und Rollen bis an den engen, oberen Bereich der Bucht von Milford Haven. Dort wurden sie auf Flöße verladen und auf dem Wasserweg an der Südküste von Wales entlang transportiert und dann auf den Flüssen Avon und Frome flußaufwärts bis in die Nähe der heutigen Stadt Frome in der Grafschaft Somerset gebracht. Auf den Flüssen gebrauchte man wahrscheinlich Boote statt Flöße, da diese an den seichteren Flußstellen wahrscheinlich auf Grund gelaufen wären. Von dort an wurden sie noch einmal etwa 10km über Land bis in die Nähe von Warminster in Wiltshire geschleppt. Von hier aus verlief der Weg nach Stonehenge wahrscheinlich wieder hauptsächlich auf dem Wasser, den Fluß Wylye hinunter bis nach Salisbury und dann den Salisbury Avon hinauf bis nach West Amesbury. Die gesamte Entfernung beträgt etwa 385km.

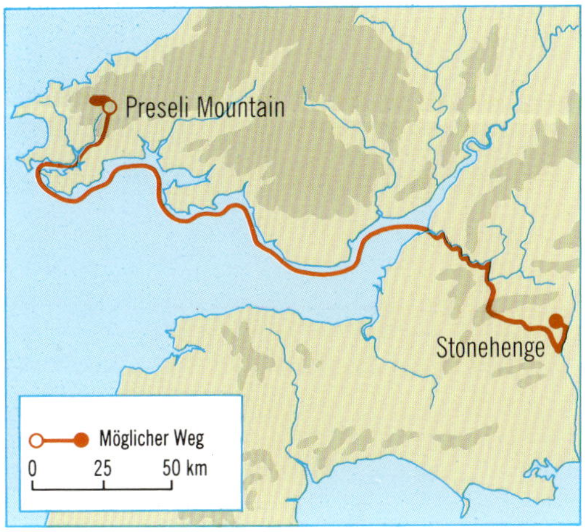

LINKS *Der mutmaßliche Transportweg der Blausteine auf dem Wasserweg von dem Preseli Berg.*

OBEN *Spitze einer Geweihhacke, die man in der Seite eines Steinloches in Stonehenge eingebettet fand (Museum von Salisbury).*

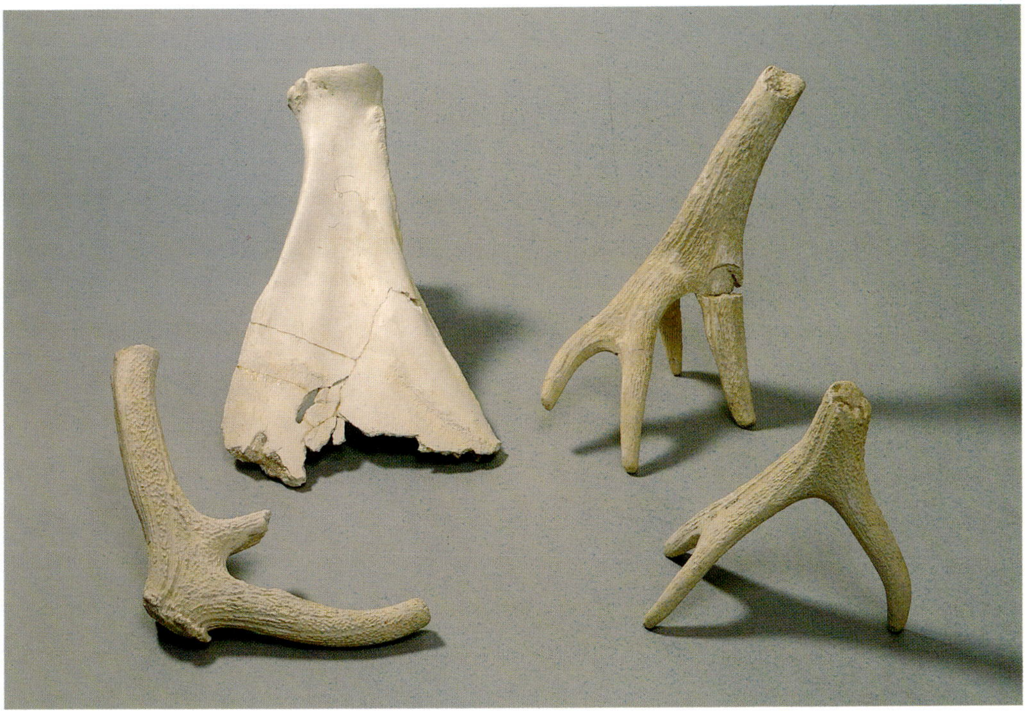

LINKS *Grabwerkzeuge der Art, die auch in Stonehenge verwendet wurden (Museum von Salisbury).*

RECHTS *Wahrscheinlicher Transportweg der Sarsensteine von den Marlborough Downs nach Stonehenge.*

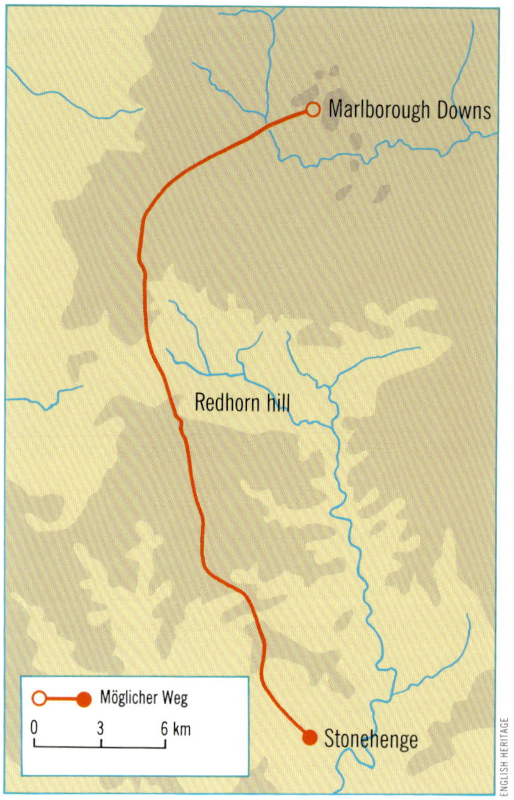

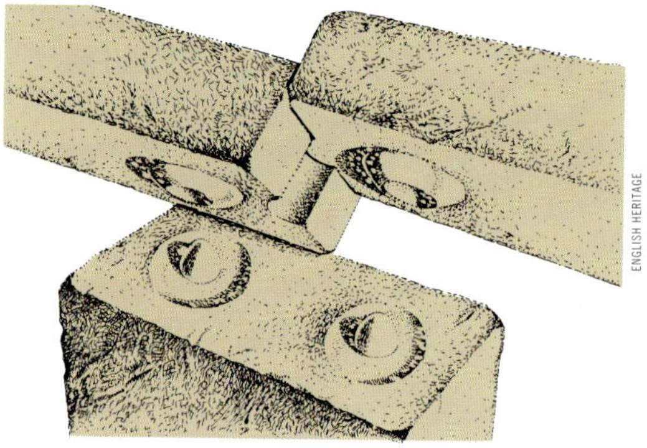

OBEN *Die Decksteine des Kreises aus Sarsensteinen wurden horizonal durch Spundung miteinander verbunden und vertikal durch eine Zapfen/Zapfenloch-Verbindung in den Tragsteinen gesichert.*

Die Sarsensteine wurden mit größter Wahrscheinlichkeit von den etwa 30km nördlich von Stonehenge liegenden Hügeln der Marlborough Downs in der Nähe von Avebury in Nord-Wiltshire herantransportiert. Dort liegen große Blöcke dieser Steine dicht verstreut an der Erdoberfläche. Für diese schwereren Steine wäre ein Transport zu Wasser unmöglich gewesen. Sie wurden daher wohl auf riesigen Schlitten und Rollen, die mit Seilen aus Leder oder Rinderhaar gezogen wurden, den ganzen Weg über Land geschleppt. Die Karte zeigt die wahrscheinlichste Route. Auf dem größten Teil der Strecke ist der Weg hügelauf- und hügelabwärts relativ leicht zu bewältigen, doch bei Redhorn Hill am Südrand des Tals Vale of Pewsey ist der Anstieg sehr steil. Um den schwersten Stein mit einem Gewicht von etwa 50 Tonnen diesen Hügel hinaufzuziehen, brauchte man wahrscheinlich etwa 500 Menschen und mindestens noch einmal weitere 100, um die Rollen vor den Schlitten zu legen und diesen auf einer geraden Bahn zu halten. Moderne Arbeitsuntersuchungen lassen darauf schließen, daß – selbst wenn alle 600 Menschen durchgehend auf der ganzen Strecke beschäftigt worden wären – sie über ein Jahr gebraucht hätten, um diese Arbeit zum Abschluß zu bringen.

In Stonehenge selbst wurden die Trag- und Decksteine in die richtige Form gehauen, indem man ihre Oberfläche mit schweren Sarsenhämmern von der Größe eines Fußballs bearbeitete. Viele dieser Hämmer gebrauchte man später als Versatzmaterial um den Fuß der Tragsteine herum. Die Zapfenlöcher in den Decksteinen wurden auf die gleiche Weise ausgehöhlt. Das Kopfende der Steine muß erst waagerecht geglättet worden sein (wobei man die Zapfen erhaben stehen ließ), nachdem die Tragsteine aufgestellt worden waren und Zeit gehabt hatten, sich in die Kreide einzubetten. Dies war eine sehr langwierige Arbeit, denn Sarsenstein ist außergewöhnlich hart und macht sogar die Schneidflächen moderner Stahlwerkzeuge stumpf.

Die zum Aufrichten der Steine wahrscheinlich verwendete Methode wird nachstehend gezeigt. Zuerst wurde eine Fundamentgrube mit einer senkrechten Seite und der gegenüberliegenden Seite in Form einer abschüssigen Rampe aus der Kreide ausgehoben. Vor der senkrechten Seite wurde sodann eine Reihe von Holzpfählen in die Erde getrieben, um zu verhindern, daß die Kreide vom Fußende des Steins eingedrückt wurde, während man ihn aufrichtete. Der Stein wurde

UNTEN *Aufrichten eines Sarsensteins in die Senkrechte.*

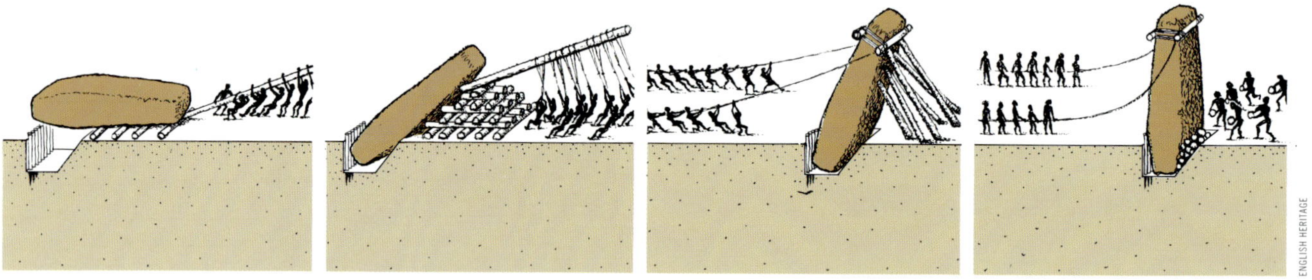

dann mit dem Fußende voraus auf Rollen zur Rampe geschoben, bis sich dieses Ende über der Grube befand und sein Schwerpunkt direkt hinter der vordersten Rolle lag. Das Kopfende wurde dann hochgestemmt, wodurch das Fußende sich in die Grube neigte, bis der Stein dann im nächsten Moment überkippte und in Schrägstellung auf der Rampe zur Ruhe kam. Nun wurde er mit Hilfe von Hebeln, die mit Versatzmaterial aus Holz abgestützt wurden, Zentimeter um Zentimeter aufgerichtet und mit Streben in Stellung gehalten während das Versatzmaterial dichter am Stein erneut aufgeschichtet wurde. Schließlich wurde er dann von einer ganzen Menschenkolonne mit Seilen in die Senkrechte gezogen. Um einen Stein des äußeren Kreises aus Sarsensteinen aufzurichten, hätte man etwa 200 Menschen gebraucht.

Um es leichter zu machen, die Steine in senkrechter Stellung auszurichten, wurde ihr Fußende zu einer stumpfen Spitze gehauen, auf der das Gewicht dann leichter gedreht werden konnte. Nachdem die endgültige Ausrichtung erfolgt war, packte man das Loch um das Fußende des Steins rasch voller Steine – einschließlich der ausgedienten Hämmer – und stampfte sie dann mit Kreide fest.

Die Methode, die möglicherweise verwendet wurde, um die Decksteine auf die Tragsteine zu heben, wird oben gezeigt. Zuerst wurde der Deckstein am Fuß des Tragsteins dicht neben ihm parallel ausgerichtet auf die Erde gelegt. Danach hob man jedes Ende abwechselnd mit Hilfe von Hebeln an und unterlegte den Stein vorübergehend mit Vierkanthölzern. Dann wurde ein Holzgerüst aus kreuzweise verlegten Balken um Deckstein und Tragsteine gebaut und direkt unterhalb der Unterseite des Decksteins mit dicken Planken abgedeckt. Nun wurde das Gewicht des Steins mit Hilfe von Hebeln von dem vorhergehenden, auf der Erde ruhenden Unterbau, auf die Planken des neuen Unterbaus verlagert. Dieser ganze Vorgang wurde nach und nach wiederholt, wobei der Deckstein jedesmal um etwa 60cm angehoben wurde. Wenn sich schließlich die oberste Plankendecke auf gleicher Ebene mit der Oberseite der Tragsteine befand, wurde der Deckstein mit Hebeln seitwärts verschoben, um ihn auf die hochstehenden Zapfen aufzusetzen. Sobald er eingepaßt war, wurde das Gerüst abgebaut und erneut verwendet. Diese Methode zum Heben schwerer Gewichte wurde auch von Ingenieuren der heutigen modernen Zeit in entlegenen Gebieten verwendet, wo keine Maschinen zur Verfügung standen.

Die Zerstörung von Stonehenge

Die letzte Phase von Stonehenge datiert man heute etwa auf das Jahr 1600 v.Chr. Seine darauf folgende Geschichte war eine Zeit der Beschädigung, Zerstörung und des Verfalls. Trotz ihrer riesigen Größe sind viele der Sarsensteine verschwunden. Wir wissen jedoch, daß die Erbauer von Stonehenge beabsichtigten, mit den vorhandenen Materialien die größtmögliche Gesamthöhe zu erreichen. Daher standen viele dieser Steine in relativ flachen Gruben, was gefährlich war und dazu führte, daß sie wohl schon in einem frühen Stadium umstürzten. Dazu kam, daß es in einem Umkreis von ungefähr 21km von Stonehenge keine Vorkommen natürlicher Steine gibt, die zum Bauen verwendet werden könnten, und die umgestürzten Tragsteine und heruntergefallenen Decksteine (die sich mit Hebeln relativ leicht von ihren Tragsteinen abheben oder herunterziehen ließen) im

OBEN *Heben eines Decksteins auf zwei Sarsensteine.*

UNTEN *In Stonehenge gefundene Hämmer aus Sarsenstein. Ihre Größe variiert vom Tennisball bis zum Fußball. Man gebrauchte sie zuerst, um die Steine in Form zu hauen und später als Versatzmaterial am Fußende der Tragsteine (Museum von Salisbury).*

PHOTO: ENGLISH HERITAGE

Mittelalter – wenn nicht sogar schon früher – natürlich einen geeigneten "Steinbruch" für lokale Bauleute darstellen mußten.

Das Verschwinden einer so großen Zahl an Blausteinen oder die Tatsache, daß sie nur als Stumpf unter der Erdoberfläche überlebt haben, ist leicht zu erklären. Sie sind kleiner und brüchiger als die Sarsensteine und es war daher einfacher, sie umzustürzen oder mit Hämmern zu zerschlagen. An einem Großteil der Zerstörung sind auch frühe Besucher dieser Stätte schuld, die voller Freude Bruchstücke als Souvenir abschlugen. In der Tat war es früher sogar einmal möglich, sich zu diesem Zweck ohne Probleme in der Schmiede in Amesbury einen Hammer auszuleihen. Man weiß auch, daß bis vor etwa hundert Jahren die ansässigen Bauern Blausteine und umgestürzte Sarsensteine zu Schotter zerschlugen, um Feldwege und Einfahrten damit auszubessern.

Bis 1918, als Stonehenge an das Land übergeben wurde, befand sich das Denkmal in Privathand. Seitdem fanden auf etwa der Hälfte dieser Stätte zu verschiedenen Zeiten Ausgrabungen statt und eine Reihe der schief stehenden oder umgestürzten Steine wurden entweder aufgerichtet oder wieder aufgestellt. In den letzten Jahren stieg die Zahl der Besucher derart (700.000 pro Jahr), daß die Bodenoberfläche des Denkmals bis zu dem es umgebenden Wall und Graben gefährlich erodierte und viele der umgestürzten Steine, sowie die aus der Erde herausragenden Steinstümpfe von den Füßen der Besucher abgeschliffen wurden, denn man trat auf sie oder kletterte darüber. Es wurde daher notwendig, weitere Erosion zu verhindern, indem man den öffentlichen Zugang zum Inneren der Stätte einschränkte. Nur so kann dieses einmalige Bauwerk für die Zukunft bewahrt werden.

Die Druiden

Vor dreihundert Jahren vertrat der Altertumsforscher John Aubrey zum ersten Mal die Meinung Steinkreise seien Tempel der Druiden. Seit damals wurde allgemein angenommen, Stonehenge sei von den Druiden erbaut und benutzt worden. Diese Annahme ist sicherlich falsch. Alles, was wir über die Druiden wissen, wurde von Schriftstellern der Antike festgehalten – wie etwa von Julius Cäsar. Sie berichten, daß es sich um eine keltische Priesterschaft handelte, die ihre Blütezeit in Britannien in der Zeit der Eroberung durch die Römer, eventuell aber auch schon in einigen vorausgehenden Jahrhunderten hatte. Zu jener Zeit jedoch standen die Steine von Stonehenge schon seit zweitausend Jahren, und das Denkmal war wahrscheinlich bereits eine Ruine. Überdies ist diesen Berichten ganz klar zu entnehmen, daß die Druiden keine eigenen Tempel bauten, sondern ihre Zeremonien auf Waldlichtungen abhielten.

RECHTS *John Constables Gemälde von 1835, das 1836 in der Königlichen Akademie ausgestellt wurde. Es scheint zwar so, doch dieses Bild wurde nicht an Ort und Stelle gemalt, sondern entstand in Constables Atelier nach einer Bleistiftzeichnung von 1820.*

VICTORIA & ALBERT MUSEUM

Es mag jedoch sein, daß die Druiden ihr Wissen und die Beobachtung von Naturereignissen – wozu auch Astronomie gehört – von den Erbauern Stonehenges ererbt hatten, und daß dieses Wissen über Jahrhunderte hinweg durch mündliche Überlieferung weitervermittelt worden war. Es wird berichtet, daß die Überlieferungen der Druiden in einer Reihe endloser Verse enthalten waren und ein Novize für das Auswendiglernen bis zu zwanzig Jahre brauchte. Da es für das vorgeschichtliche Britannien keinerlei Nachweise für irgendeine Methode der Aufzeichnung oder des Niederschreibens von Zahlen gibt, wäre dies eine Möglichkeit gewesen, dieses Wissen zu bewahren und von einer Generation an die nächste weiterzugeben. Heute wissen wir zum Beispiel, daß im Pazifik genaue Segelanweisungen für lange Seereisen lediglich durch mündliche Überlieferung über mehrere Jahrhunderte weitergegeben wurden.

Astronomie in Stonehenge

Seit dem frühen achtzehnten Jahrhundert weiß man, daß die Achse des Kreises aus Sarsensteinen etwa auf einen Punkt weist, von dem aus ein Beobachter im Zentrum von Stonehenge den Sonnenaufgang am längsten Tag des Jahres in seiner am Horizont am weitesten nördlich liegenden Stellung sehen konnte. Der Eingang wurde ebenfalls während der Zeit der Benutzung von Stonehenge geringfügig neu ausgerichtet, um astronomische Veränderungen des Sonnenaufgangs zur Zeit der Sommersonnenwende über Jahrhunderte hin zu kompensieren.

In jüngerer Zeit wurde die Theorie vertreten, daß die Verbindungslinien zwischen den vier Stationssteinen ebenfalls auf die am Horizont nördlichste und südlichste Stellung für den Auf- und Untergang von Sonne und Mond hinweisen könnten und der Breitengrad von Stonehenge gewählt worden sei, damit diese Richtungslinien paarweise im rechten Winkel dazu verlaufen würden. Weiterhin wurde die Theorie aufgestellt, der Ring der Aubrey-Löcher hätte als vereinfachtes Modell der Umlaufbahn von Sonne und Mond benutzt werden können, um Eklipsen vorauszusagen. Und außerdem wurde behauptet Stonehenge habe als Observatorium gedient, um sehr genaue Beobachtungen der äußersten Punkte für Aufgang und Untergang des Mondes vorzunehmen.

Untersuchungen anderer Steinkreise in Großbritannien sowie in Stonehenge selbst zeigten jedoch, daß die meisten – wenn nicht sogar alle – dieser Ausrichtungen rein zufälliger Natur sind und von den Menschen der Jungsteinzeit und Bronzezeit, die diese Steine aufrichteten, nicht beabsichtigt waren. Ausrichtungen hatten ihrer Absicht nach eher Symbolgehalt als wissenschaftliche Grundlage, obwohl sie in vielen Fällen ganz allgemein mit der Richtung des Sonnenaufgangs und -untergangs verbunden waren. Der Gebrauch von Stonehenge als astronomische Beobachtungsstätte der vorgeschichtlichen Zeit wird weiterhin eine Sache der Mutmaßung bleiben. Archäologische Funde stützen diese Behauptung nicht.

Hier oft, wenn Abend mit des Dämmers Schein
Und schwachem Strahl den fliehenden Tag vergoldet,
Mit atemlosem Blick und grauenerbleichter Wange,
Der säumige Schäfer, erschaudernd durch die Mär,
Daß zu Mitternacht bei des Mondes kaltem Glanz,
Unirdische Schatten winden fort den unsichtbaren Tanz;
Und dann in jedes flüsternd Hauches Wehn,
Sein eifrig Wahn hört dumpfer Seufzer Klang.

Aus "Stonehenge" von Thomas Stokes Salmon, 1823

Die prähistorischen Menschen

Tausende von Jahren, bis etwa 4000 v.Chr., lebten die Menschen im Süden Britanniens in verstreuten Gruppen. Sie waren wandernde Jäger, die sich von Wild, Fisch aus den Flüssen und wilden Pflanzen ernährten. Sie trieben keinen Ackerbau und hielten auch keine Haustiere. Ihre Werkzeuge und Waffen bestanden aus Feuerstein, Knochen und Hirschgeweihen. An ihren wechselnden Lagerplätzen bauten sie zum Schutz Hütten oder eine Form von Windschutz aus Buschwerk und verwendeten möglicherweise auch Zelte aus Tierhaut.

Die damalige Landschaft unterschied sich sehr von der heutigen: der größte Teil bestand aus dichten Wäldern, offenes Grasland gab es kaum. Nur eine sehr kleine Bevölkerung von Jägern konnte hier genug zum Leben finden.

Gegen 4000 v.Chr. jedoch wurde Britannien von Menschengruppen besiedelt, die eine frühe Form des Ackerbaus betrieben. Sie bauten primitive Getreidesorten an und hielten Haustiere, wie z.B. Schafe, Ziegen, Schweine, Rinder und Hunde. Sie errichteten ihre Gehöfte überall in Britannien und Irland, einschließlich des Gebietes von Wessex, in dessen Kalksteinboden Überreste ihrer Ansiedlungen, Grabhügel und rituellen Einfriedungen gefunden wurden.

Sie lebten von Viehzucht, Getreideanbau und Tauschhandel, hauptsächlich mit Rohmaterialien. Ihre Gehöfte waren von kleinen, unregelmäßigen Feldern umgeben, die wahrscheinlich Jahr für Jahr mit einer bestimmten Feldfrucht bebaut wurden, bis die Fruchtbarkeit des Bodens erschöpft war. Dann rodete die betroffene Familie Wald und Buschland, um weitere Felder zu gewinnen.

Es ist nicht sicher, daß Häuser aus dieser Zeit in Wiltshire überlebt haben, doch wir wissen von Funden an anderer Stelle, daß sie aus einem langen Rechteck bestanden, das genug Platz für eine Großfamilie und deren Tiere bot.

Ihre Werkzeuge und Jagdwaffen bestanden meistens aus Feuerstein, den man auf der Erdoberfläche oder in Flußbetten fand, oder den man abbaute, indem man Schächte in die Kreide hineintrieb. Äxte waren für die Rodung des Waldgeländes und das Zurechtschneiden von Holz für den Hausbau besonders wichtig. Es gibt Beweise, daß Äxte nicht nur aus gutem, örtlich vorkommendem Feuerstein, sondern auch aus anderem Stein gefertigt wurden, der aus so entlegenen Gegenden wie Cumberland, Nord-Wales und Cornwall eingeführt wurde.

Die Kleidung dieser Menschen bestand aus Leder (dem heutigen Wildleder ähnlich), doch es gibt auch Funde, die auf Webarbeiten schließen lassen, so daß anzunehmen ist, daß auch Tuch getragen wurde. Häute waren wahrscheinlich auch als häusliche Gegenstände im Gebrauch, wenngleich Ausgrabungen an anderen Orten darauf hinweisen, daß der Großteil dieser Gegenstände wohl aus Holz war.

Kleine Werkzeuge bestanden aus Geweih und Knochen. Bauchige Gefäße mit rundem Boden gleichen Nachahmungen der Ledergefäße, waren jedoch aus Ton gefertigt. Starb eine Person von

PHOTOS: ENGLISH HERITAGE

Tongefäße und Werkzeuge aus der Zeit vor Stonehenge. Die Tongefäße OBEN *sind früheren Gefäßen aus Leder nachgebildet (Museum von Devizes). Äxte waren gewöhnlich aus poliertem Feuerstein* UNTEN, *konnten jedoch auch aus importiertem vulkanischen Gestein aus dem Westen Britanniens gefertigt sein* MITTE *(Museum von Salisbury). Werkzeuge zur Bearbeitung von Leder und Textilien* GANZ UNTEN *wurden aus Geweih oder Knochen geschnitzt (Museum von Avebury).*

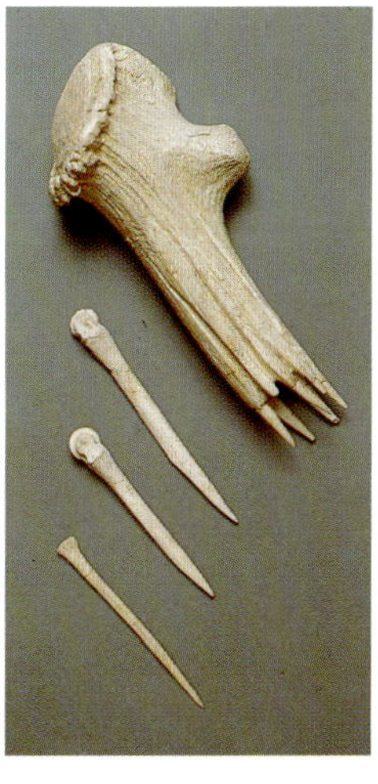

hohem Rang, so wurde sie in speziell dafür angelegten schmalen Grabhügeln bestattet, die wir heute als Hünengräber bezeichnen *(Long Barrows)*.

Nachdem diese Menschen begonnen hatten, sich niederzulassen, stieg die Zahl der Bauern der frühen Jungsteinzeit wahrscheinlich sehr rasch, denn im Gegensatz zu den einheimischen Jägern, die von der Hand in den Mund leben mußten, waren sie in der Lage, überschüssige Nahrungsmittel in Form von Getreide als Vorräte aufzubewahren und lebende Tiere zu halten. Im Laufe der Zeit wirkte sich dieser Bevölkerungsanstieg sehr deutlich auf die Landschaft aus, denn der Wald wurde durch offenes Grasland und Gebüsch ersetzt. Dies geschah teilweise durch bewußte Rodung des Waldes, doch hauptsächlich durch Wildschäden über lange Zeiträume. Tiere fraßen die Rinde der jungen Baumschößlinge, Schweine gruben nach ihren Wurzeln. Wenn die alten Bäume starben, wuchsen daher keine jungen nach. Zur späten Jungsteinzeit, ab etwa 3000 v.Chr., war daher der größte Teil des ursprünglichen Waldes verschwunden und die Landschaft erschien lichter.

PHOTO: ENGLISH HERITAGE

OBEN *Kopf einer Steinkeule aus einem Hünengrab und Fragment eines Tongefäßes, sowie zwei Werkzeuge aus Knochen, die in den Aubrey-Löchern von Stonehenge gefunden wurden (Museum von Salisbury).*

RECHTS *Darstellung der Landschaft um Stonehenge um 3000 v.Chr. Der neu errichtete Wall aus Kreide der ersten Phase von Stonehenge ist jenseits der Bäume deutlich zu erkennen. Es ist jedoch unwahrscheinlich, daß um jene Zeit bereits Steine aufgestellt worden waren.*

ENGLISH HERITAGE/IVAN LAPPER

Um diese Zeit war auch die Bevölkerungszahl so stark gestiegen, daß Arbeitskräfte für gemeinschaftliche Vorhaben entbehrt werden konnten.

Bald nach 2500 v.Chr. begann im Osten und Süden Britanniens die Entwicklung einer neuen Weidewirtschaft. Es mag sein, daß Einwanderergruppen die Nordsee vom Rheinland her überquerten, archäologisch gesehen gibt es jedoch keine erkennbaren Beweise für eine Einwanderung. Die neue Kultur wird nach den häufig vorkommenden Trinkgefäßen aus Ton, die man in Gräbern fand, als "Becherkultur" bezeichnet. Diese Veränderungen können aber auch durchaus die Adaption importierter Ideen durch die lokale Bevölkerung bedeuten.

Um diese Zeit begann auch die Verarbeitung und Verwendung der ersten Metalle. Die Hauptquelle für Metall war Irland. Wahrscheinlich war es die Nachfrage nach Metall, die die Handelswege nach Wessex und in weitere Gebiete Britanniens öffnete und damit die Grundlage für die britische Bronzeindustrie legte, die dann fast zwei weitere Jahrtausende dauerte.

Eine neue Sitte, die unter der Bevölkerung weite Verbreitung fand, war die Einzelbestattung der Toten in runden Hügelgräbern *(Round Barrows)* mit Grabbeigaben, wie z.B. Becher oder Trinkgefäße. Manchmal waren es auch Kupfermesser oder Bogen und Pfeile mit Feuersteinspitzen. Von dieser Zeit an bis etwa 1500 v.Chr. wurden Einzelbestattungen in runden Hügelgräbern für Personen von Rang zur fast überall verbreiteten Praxis. Nirgends ist dies besser

PHOTO: ENGLISH HERITAGE

LINKS *Axthämmer aus Stein, möglicherweise für zeremoniellen Gebrauch und nicht unbedingt als Werkzeug gedacht (Museum von Salisbury).*

RECHTS *Darstellung der Landschaft um Stonehenge gegen 2500 v.Chr. Das Land ist weitgehend gerodet und von Bäumen geräumt. Grabhügel aus Kreide der lokalen Stammesführer sind am Horizont zu sehen.*

PHOTO: DEVIZES MUSEUM

LINKS *Skelett eines Mannes, der etwa um die Zeit begraben wurde, als man die Blausteine nach Stonehenge brachte. Er hält ein Trinkgefäß aus Ton und wurde mit seinem Bronzedolch begraben (Museum von Salisbury).*

OBEN *Bronzedolch mit nachgebildetem Griff, der dem im Grab links ähnlich ist (Museum von Devizes).*

PHOTOS: ENGLISH HERITAGE

OBEN *Pfeilspitzen aus Feuerstein mit Widerhaken (Museum von Salisbury).*

ENGLISH HERITAGE/IVAN LAPPER

PHOTOS: ENGLISH HERITAGE

OBEN *Kupfer- und Bronzedolche der frühen Bronzezeit (Museum von Devizes).*

OBEN *Becher; Tongefäße aus der späten Jungsteinzeit und frühen Bronzezeit (Museum von Devizes).*

OBEN *Darstellung der Errichtung des Sarsentempels um 2350 v.Chr. Im Hintergrund, links, wird ein Stein auf einem Schlitten auf Rollen herantransportiert; andere Steine werden in die Senkrechte gezogen oder ihre Decksteine aufgesetzt. Im Vordergrund erhalten die Vermesser Anweisungen. Viele der abgebildeten Gegenstände sind in den Museen von Salisbury und Devizes zu sehen.*

PHOTO: ENGLISH HERITAGE

LINKS *Grabgefäße aus Ton aus der frühen Bronzezeit. Diese Art von Gefäß wurde in den Grabhügeln um Stonehenge gefunden (Museum von Devizes).*

ENGLISH HERITAGE/IVAN LAPPER

PHOTO: ENGLISH HERITAGE

OBEN *Grabbeigaben aus Gold, Bronze und Knochen aus einem Grabhügel der frühen Bronzezeit in der Nähe von Stonehenge (Museum von Devizes).*

UNTEN *Vergoldete Schmuckstücke aus Bernstein und Tonschiefer aus einem Grabhügel in der Nähe von Stonehenge (Museum von Devizes).*

PHOTO: ENGLISH HERITAGE

erkennbar als in der Landschaft um Stonehenge.

Die zunehmende Verbreitung von Bronze, die durch Legierung von Kupfer aus dem Westen Britanniens und aus Irland mit Zinn aus Cornwall hergestellt wurde, und ihre wachsende Verwendung für Werkzeuge und Waffen, sowie die fortschreitende Beweidung des Landes, während die alten Wälder immer mehr abgeholzt wurden, führte etwa um 2000 v.Chr. zum Entstehen einer zahlenmäßig starken Bevölkerung in Wessex, die von einigen führenden Familien beherrscht wurde. Diese Familien verdankten ihren Reichtum wahrscheinlich ihrem Erfolg als Bauern. Doch eventuell beruhte er auch darauf, daß sie eine beherrschende Stellung an einem der Handelswege zwischen Irland und den nächstgelegenen Gebieten Europas inne hatten. Die Hünengräber der führenden Familien, die man in Gräberfeldern um Stonehenge in großer Zahl findet, enthalten Gegenstände, die auf Verbindungen mit der Bretagne, mit Holland und Mitteleuropa hinweisen. Es ist offensichtlich, daß Britannien zu jener Zeit enger zu Europa gehörte als zu jeder späteren prähistorischen Zeit.

Es waren diese reichen Familien aus der Ebene von Salisbury und ihr Interesse am Metallhandel, die die Mittel und Autorität besaßen, die großen Steine von Stonehenge zu errichten. Um etwa 1500 v.Chr. scheint diese reiche Gesellschaft jedoch einen rapiden Niedergang erlebt zu haben. Anzeichen für Wohlstand und Adel begannen zu verschwinden. Die Gründe für diese Veränderung kennen wir nicht, doch vielleicht mag die Einführung neuer landwirtschaftlicher Methoden etwas damit zu tun gehabt haben. Der Anbau von Getreide – in erster Linie Gerste – auf Feldern mit fester Einfriedung und die Verwendung von Dung, um den Boden wieder fruchtbar zu machen, der auf der Basis einer Art von Fruchtfolge bestellt wurde, bewirkte wahrscheinlich, daß sehr viel weniger freie Zeit zur Verfügung stand, die für gemeinschaftliche Arbeiten verwendet werden konnte. Es ist offensichtlich, daß die Gegend um Stonehenge in der Zeit nach 1500 v.Chr. insgesamt ihre spezielle Bedeutung als Zentrum religiöser Autorität und politischer Macht zu verlieren begann, die sie während der vergangenen zweitausend Jahre besessen hatte.

Nach jenem Zeitpunkt kamen nur sehr wenige runde Hügelgräber zu den seit langem um Stonehenge liegenden Gräberfeldern hinzu und man baute keine neuen bedeutenden Monumente mehr. Nur wenige andere prähistorische Denkmäler in Britannien haben eine so lange Geschichte fast ununterbrochener Nutzung wie Stonehenge, ungeachtet der zahlreichen Veränderungen, die im wirtschaftlichen und sozialen Gefüge und möglicherweise auch den religiösen Vorstellungen der Menschen, die dieses Denkmal benutzten, stattfanden.

ENGLISH HERITAGE

Das Gebiet um Stonehenge

GEGENÜBERLIEGENDE SEITE
Stonehenge vom Opferstein (im Vordergrund) aus gesehen.

Um es dem Leser zu ermöglichen, sich ein annähernd vollständiges Bild von Stonehenge zu machen, werden in diesem Führer einige der anderen prähistorischen Denkmäler aus der Jungsteinzeit und dem Beginn der Bronzezeit im Gebiet um Stonehenge beschrieben und abgebildet. Einige, zu denen auch viele der Hünengräber und runden Hügelgräber gehören, befinden sich auf Privatgelände, doch diejenigen, die sich auf dem Gelände des National Trust befinden, sind zugänglich.

Die Landschaft um Stonehenge enthält in einem Umkreis von nur wenigen Kilometern mehr prähistorische Überreste als jedes andere Gebiet vergleichbarer Größe in Großbritannien. Die Lage dieser Stätten ist auf der Karte Seite 31 angegeben. Auf Seite 8 und 9 wird in den Tabellen auch gezeigt, aus welcher Zeit sie stammen.

Diese Daten beruhen in erster Linie auf Radiokarbondatierung, mit deren Hilfe man das Alter von Materialproben tierischen oder pflanzlichen Ursprungs bestimmen kann, die bei Ausgrabungen gefunden werden. Meistens stammen diese Proben von Holzkohle, Tierknochen oder Geweihstangen. Die auf diese Weise erhaltenen Daten sind allerdings relativ ungenau, der Unsicherheitsfaktor liegt bei mehreren Jahrhunderten in beide Richtungen. Dennoch gestatten sie uns die verschiedenen Denkmäler mehr oder weniger in der Reihenfolge einzuordnen, in der sie gebaut und benutzt wurden.

Die Denkmäler selbst sind höchst verschieden und dienten unterschiedlichen Zwecken. Die zahlreichsten – die langen Hünengräber der Jungsteinzeit *(Long Barrows)* und die runden Hügelgräber *(Round Barrows)* der Bronzezeit sind Grabstätten. Bei dem *Causewayed Camp* (Lager mit Zufahrtswegen) von Robin Hood's Ball handelte es sich wahrscheinlich um eine zeremonielle Einfriedung für Stammesversammlungen. Der Cursus jedoch scheint eine andere Art von zeremonieller Einfriedung gewesen zu sein, vielleicht für Prozessionen oder Wettrennen gedacht. Die vier sogenannten *Henge*-Denkmäler – Stonehenge, Woodhenge, Coneybury und Durrington Walls – werden allgemein für prähistorische Tempel gehalten, obwohl wir niemals wissen werden, wie man sie benutzte oder welchen religiösen Zwecken sie dienten. In dieser Gegend wurden bisher nur wenige prähistorische Häuser oder sonstige häusliche Anwesen gefunden. In der Nähe von Durrington Walls gibt es jedoch eine Gruppe kleiner Feuersteinbergwerke und südlich von Stonehenge Steinbrüche, in denen Feuer-stein abgebaut wurde.

Im Laufe der letzten beiden Jahrhunderte fanden zu verschiedenen Zeiten Ausgrabungen an den meisten dieser Denkmäler statt. Aufgrund dieser Untersuchungen und ähnlicher Untersuchungen an anderen Stätten ist es möglich, die Lebensweise der Men-schen, die sie erbauten und benutzten, in Umrissen nachzuzeichnen (siehe Seite 21-27 "Die prähistorischen Menschen"). Da diese Denkmäler jedoch in die prähistorische Zeit gehören, lange ehe schriftliche Aufzeichnungen erfolgten, bleiben viele

Fragen offen, die wir wohl niemals vollständig beantworten können. Das Beweismaterial besteht aus fragmentarischen Überresten von Strukturen, die seit langem nur noch Ruinen und verfallen sind und die sich meistens unter der Erde befinden, sowie aus Gegenständen aus Stein, Metall, Ton und Knochen, viele von ihnen lediglich Reste des Abfalls früherer Zeiten. Holz, Leder, Tuch und sonstige organische Materialien sind größenteils verschwunden. Der Archäologe kann lediglich einen sehr kleinen, unvollständigen Teil dessen studieren, was ursprünglich einmal vorhanden war.

Aufgrund dieses Beweismaterials ist es oft möglich zu sagen, **wie** Dinge hergestellt oder erbaut wurden, und in einigen Fällen **wann** und **von wem**. Es ist jedoch kaum jemals möglich, die Frage des **Warum** zu beantworten.

Robin Hood's Ball

Dieser erodierte Erdwall liegt auf einer leichten Anhöhe der Hügellandschaft aus Kreide, in einem Militärgebiet etwa 2,3km NNW von Stonehenge, das für die Öffentlichkeit nicht zugänglich ist. Zwei unregelmäßige Ringe, die jeweils aus Wall und Graben bestehen, schließen ein ovales Areal von etwa 1 Hektar ein. Beide Gräben werden von nicht ausgeschachteten Zufahrtswegen aus massiver Kreide unterbrochen.

Dies ist wahrscheinlich die früheste prähistorische Stätte in diesem Gebiet und das einzige örtliche Beispiel einer Einfriedung (d.h. mit Zufahrtswegen), von denen etwa fünfzig auf der Kreide und dem Kiesboden der Täler im südlichen und östlichen England gefunden wurden. Sie gehen auf die Zeit um etwa 4000 bis 3300 v.Chr. zurück und dienten wahrscheinlich Zusammenkünften.

In den Gräben einiger dieser Einfriedungen fand man menschliche Überreste – insbesondere Schädel – was darauf hinweist, daß sie bei einem komplexen Begräbnisritual eine Rolle spielten. Es ist auch möglich, daß diese Einfriedungen einer Vielzahl von Zwecken dienten, für die heute wohl Rathaus, Gericht und möglicherweise sogar auch Kirche zuständig wären.

Die nur in begrenztem Umfang erfolgten Ausgrabungen von Robin Hood's Ball haben bisher nicht ergeben, ob es innerhalb dieser Einfriedung auch Gebäude gab. Wir können jedoch ziemlich sicher sein, daß dies das erste "Gemeindezentrum" der Gegend war, lange bevor in Stonehenge überhaupt irgendetwas gebaut wurde.

Die Hünengräber *(Long Barrows)*

Überall in der Kreidelandschaft von Wessex und Sussex und weiter nördlich in Lincolnshire und Ost-Yorkshire bestatteten die Bauern der frühen Jungsteinzeit ihre Toten von Rang in Hünengräbern, von denen in diesen Gebieten über 200 bekannt sind. Fünfzehn davon liegen in einem Umkreis von 5km von Stonehenge, mehr als in jedem anderen vergleichbaren Gebiet. Daraus läßt sich schließen, daß dieses Gebiet schon vor der Erbauung von Stonehenge eine heilige Stätte von besonderer Bedeutung war.

Die Länge der Hünengräber dieser Gegend schwankt zwischen 20m und 80m; alle – mit einer Ausnahme – sind über 30m lang. Die Breite schwankt sogar noch mehr, beträgt jedoch gewöhnlich zwischen einem Sechstel und einem Drittel der Länge des ursprünglichen Bauwerks. Dabei ist natürlich zu berücksichtigen, daß sich der Hügel nach Tausenden von Jahren der Verwitterung und Erosion seitlich ausbreitete. Die ursprünglichen Kreidehügel waren etwa 3m hoch. Sie waren aus Gräben mit flacher Sohle und fast senkrechten Wänden ausgehoben worden, die mit den Rändern des Hügelgrabes parallel liefen. In einigen Fällen waren die Seiten des Hügels parallel, in anderen war ein Ende breiter und höher als das andere.

An vielen Hünengräbern dieser Gegend wurden im 19. Jahrhundert teilweise Ausgrabungen vorgenommen, doch die Aufzeichnungen über diese Ausgrabungen erlauben uns nicht, den Begräbnisritus zu rekonstruieren. Ausgrabungen jüngerer Zeit an anderen Stellen zeigen jedoch, daß die Toten nicht sofort bestattet und in einigen Fällen auf eine erhöhte Plattform aus Holz gelegt wurden, wo sie zwar von Tieren nicht erreicht werden konnten, doch Raubvögel sie sehr bald bis auf die blanken Knochen verzehrt hatten. Erst nach einigen Jahren – möglicherweise wenn eine Person von besonderem Rang gestorben war – wurden die Knochen eingesammelt und auf der Erde ausgelegt, manchmal in einem niedrigen Totenhaus aus Holz. Dann wurde der lange Hügel aus Kreide darübergehäuft, wobei die Gebeine an dem Ende lagen, das gewöhnlich ungefähr nach Osten ausgerichtet war.

Das am besten erhaltene Hünengrab dieser Gegend liegt auf privatem Gelände auf der Nordostseite des Verkehrskreisels an der Winterbourne Stoke Straßenkreuzung auf der A303, etwa 2,4km von Stonehenge. Es ist von der Straße aus östlich dieses Kreisels zu sehen. Fußgängern wird empfohlen, den National Trust Fußweg zu benutzen, anstatt von Stonehenge aus die A303 entlangzugehen (siehe Karte auf der gegenüberliegenden Seite). Dieses Hünengrab ist ein für Wessex typisches Beispiel seiner Art. Es enthält über 1500 Kubikmeter Kreide. Mit den damaligen primitiven Werkzeugen hätte ein Dutzend Menschen für diesen Bau etwa vier Monate gebraucht, wenn sie jeden Tag acht Stunden gearbeitet hätten!

Nur wenige der Hünengräber der Gegend wurden direkt datiert, doch Beispiele an anderen Stätten in Wessex deuten darauf hin, daß sie zwischen 4000 v.Chr. und 3000 v.Chr. errichtet wurden. Ein Hünengrab könnte zur Bestattung aller Mitglieder einer einzigen Familie verwendet worden sein (abgesehen von Kindern, die in sehr jungem Alter starben). Es ist jedoch wahrscheinlicher, daß sie lediglich der Bestattung ausgewählter Persönlichkeiten von besonderem Rang dienten, die zu einer Gruppe benachbarter oder verwandter Familien gehörten.

Feuersteingewinnung

Das wichtigste Material, das die Bauern der Jungsteinzeit zur Herstellung ihrer Werkzeuge und Jagdwaffen verwendeten, war Feuerstein. Dieses Gestein befindet sich in Form von großen Klumpen oder Knollen in verschiedenen Schichten der Kreideformation oder in Flußbetten. Oberflächenvorkommen von Feuerstein werden oft durch Frost

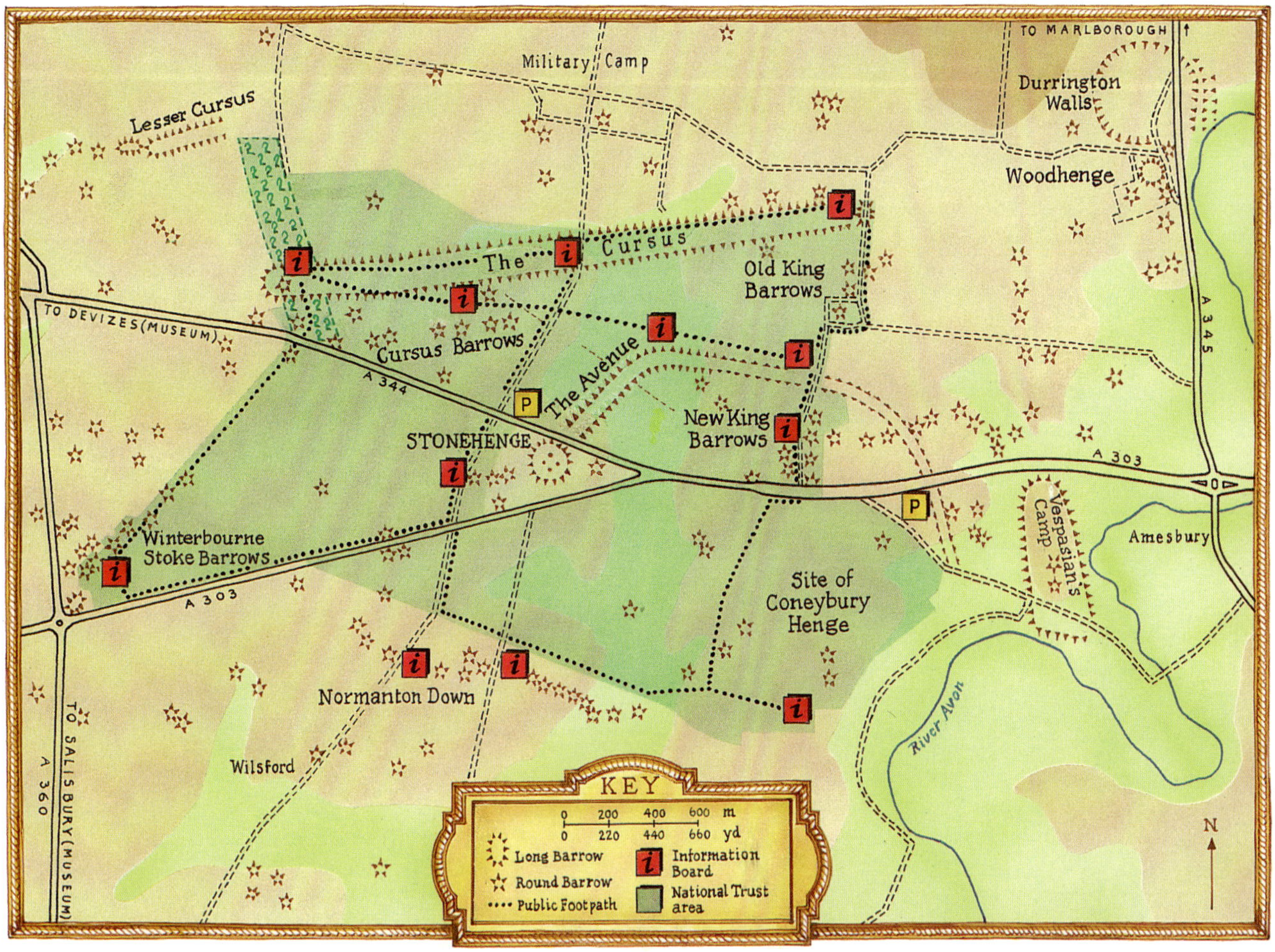

gespalten und eignen sich nicht zur Herstellung großer Werkzeuge. Rohmaterial besserer Qualität mußte mit Hilfe von in die Kreide gegrabenen Schächten abgebaut werden.

1952 durchschnitt eine Abwässerleitung nordöstlich von Durrington Walls (Seite 32) einen Teil des Gebiets, in dem Feuerstein abgebaut wurde. Drei breite, flache Gruben waren offensichtlich gegraben worden, um eine dicht unter der Oberfläche liegende Feuersteinader abzubauen. Dieser Stein war jedoch wahrscheinlich von minderer Qualität. Zwei weitere Schächte waren bis zu einer Tiefe von 2,20m gegraben worden, von deren Sohle aus niedrige Stollen einer tiefer liegenden Ader folgten. Die Gesamtausdehnung dieses Abbaugebiets ist unbekannt; hier befinden sich heute Häuser und Gärten.

Feuerstein für Geräte des täglichen Gebrauchs scheinen von einer Ader gewonnen worden zu sein, die an den Hängen von Trockentälern südlich von Stonehenge zutage trat. Bei Ausgrabungen an dieser Stelle wurden weggeworfener Feuerstein und Hammersteine gefunden, was darauf hindeutet, daß dieser Steinbruch stark genutzt wurde.

Der Cursus

Diese außergewöhnliche Erdanlage liegt etwa 800m nördlich von Stonehenge. Sie besteht aus einer schmalen Einfriedung, etwa 2,8km lang und 90m breit. Ein niedriger Erdwall mit außen verlaufendem Graben bezeichnet ihren Verlauf. Ein sehr großer Teil wurde durch Pflügen abgeflacht. Das westliche Ende dieser Anlage auf der anderen Seite der Fargo-Schonung wurde durch ein Halbrund abgeschlossen. Der Graben war dort tiefer und der Erdwall höher als an anderen Stellen. Nach Osten hin ist diese Anlage auf ein Hünengrab früheren Datums ausgerichtet, das durch einen darüberführenden Weg unserer Zeit abgetragen worden ist. Den Cursus erreicht man auf einem markierten Weg vom Parkplatz von Stonehenge aus.

In Süd- und Ostengland wurde in anderen Gegenden eine Anzahl ähnlicher Erdanlagen entdeckt. Einige davon sind ebenfalls auf Hünengräber früheren Datums ausgerichtet. Bei einigen wurde aufgrund von Ausgrabungen eindeutig nachgewiesen, daß sie aus der mittleren Jungsteinzeit stammen. Ihr Zweck ist unbekannt. Die ungewöhnliche Form läßt jedoch darauf schließen, daß es sich um Einfriedungen handelte, die zeremoniellen oder religiösen Zwecken dienten und eventuell als Prozessionsweg oder zu rituellen Wettrennen zu Ehren der Toten genutzt wurden.

Den Name *Cursus* erhielt diese Erdanlage im 18. Jahrhundert von dem Altertumsforscher William Stukeley, der sie für eine Rennbahn für Streitwagen der alten Briten hielt. Wir wissen heute, daß sie sehr

OBEN *Karte der prähistorischen Grabhügel und Denkmäler des Gebiets um Stonehenge. Die meisten können besucht werden.*

viel älteren Datums ist. Sie ist gleichaltrig mit der ersten Phase von Stonehenge (siehe Seite 8-9, Zeittafel).

Westlich der Fargo-Schonung finden sich Überreste eines sehr viel kleineren, sogenannten *Lesser Cursus*, der heute nicht mehr zu erkennen ist. Er wird an seinem westlichen Ende durch ein Halbrund abgeschlossen, ist nach Osten hin offen und wird in der Mitte durch einen quer verlaufenden Graben unterteilt. Er ist kürzer als die meisten anderen Cursus-Denkmäler. Ausgrabungen haben gezeigt, daß er in mehreren Phasen gebaut wurde, ergaben jedoch keine Hinweise auf seine Funktion. Dieser Lesser Cursus liegt auf privatem Gelände und ist für Besucher nicht zugänglich.

Durrington Walls

Die Erdanlage von Durrington Walls liegt direkt nördlich von Woodhenge (siehe Seite 31, Karte) und erstreckt sich über ein Trockental. Sie wurde durch Pflugarbeiten in der Vergangenheit stark verändert und beschädigt.

Diese Anlage bestand aus einem gewaltigen, nahezu ovalen Wall aus Kreide, dessen Grundfläche

UNTEN *Luftaufnahme des Cursus. Im Hintergrund Stonehenge. Siehe Schlüssel für Einzelheiten.*

WEST AIR PHOTOGRAPHY

etwa 30m breit ist. Er ist 3m hoch und wurde mit dem Material aufgeschüttet, das aus einem Graben auf der Innenseite ausgehoben wurde. Seine Eingänge lagen einander gegenüber, der tiefergelegene befand sich ganz in der Nähe des Flusses Avon. Diese Stätte war zum ersten Mal von etwa 3200 v.Chr. an in Gebrauch und die Erdanlage wurde um 2550 v.Chr. erbaut.

Auf dem Landstreifen unterhalb der Böschung der neuen Straße fanden 1966-68 Ausgrabungen statt. Sie brachten die Überreste zweier kreisförmiger Holzbauten zutage. Der nördlichere Bau könnte ein rundes, strohgedecktes Gebäude mit einem Durchmesser von 14,50m gewesen sein, dessen Dach in der Mitte angehoben worden war, um Licht und Luft hereinzulassen. Es wurde etwa um 2450 v.Chr. erbaut und ersetzte wahrscheinlich ein älteres Bauwerk.

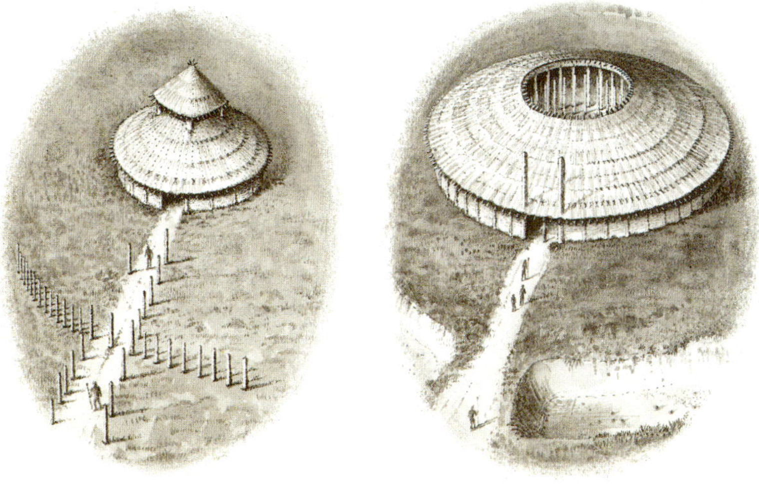

ENGLISH HERITAGE

OBEN *Mögliche Rekonstruktion der beiden Gebäude in Durrington Walls. Die linke Zeichnung zeigt den nördlichen Bau. Die rechte ist eine Darstellung des größeren, südlicher liegenden Bauwerks: ein Bauwerk dieser Art mag eventuell auch in der ersten Phase in der Mitte von Stonehenge gestanden haben.*

Der südlichere Bau zeigte Überreste zweier aufeinanderfolgender Holzbauten. Der frühere hatte einen Durchmesser von etwa 23m und könnte voll überdacht gewesen sein; wahrscheinlicher ist jedoch, daß er ein ringförmiges Dach hatte, das nach innen abfiel und einen offenen Bereich einschloß. Das spätere Gebäude zeigte sechs Kreise aus Pfosten, wovon der äußere einen Durchmesser von 39m hatte. Es wurde um 2450 v.Chr. erbaut, war wahrscheinlich überdacht und besaß wie Woodhenge einen offenen Bereich in der Mitte.

Während der Ausgrabungen wurden große Mengen verzierter Keramik und Tierknochen gefunden. Sie deuten darauf hin, daß hier besondere zeremonielle Handlungen stattfanden.

Durrington Walls wie auch Stonehenge vermittelt uns einen Eindruck davon, welchen Arbeitsaufwand die Menschen der späten Jungsteinzeit für Gemeinschaftsarbeiten aufwendeten. Um diese Erdanlage zu errichten, wären fast eine Million Arbeitsstunden benötigt worden: das würde bedeuten, daß 100 Menschen vier Jahre lang sechs Tage in der Woche arbeiteten. Die mächtigsten Baumstämme hätten einen Durchmesser von 1m gehabt und bis zu fast 11 Tonnen wiegen können.

Woodhenge

Woodhenge liegt etwa 3km nordöstlich von Stonehenge, etwas westlich von der A345. Früher nahm man an, es handele sich bei dieser Stätte um einen zerstörten Scheibengrabhügel (Seite 35); Luftaufnahmen von 1925 zeigten jedoch ringförmige dunkle Flecken in einem Weizenfeld. Dies ließ vermuten, daß sich dort unter der Erdoberfläche Löcher befanden, in denen Holzpfosten gestanden hatten. Diese Vermutung wurde bestätigt, als kurze Zeit später an dieser Stelle Ausgrabungen vorgenommen wurden. Die Lage der Holzpfosten wird heute durch Betonblöcke markiert.

Die äußere Begrenzung bestand aus einem kreisförmigen Wall, heute durch Pflugarbeiten fast völlig abgeflacht, innerhalb dessen ein breiter Graben mit flacher Sohle lag, der ursprünglich etwa 2,50m tief war und auf der nord-nordöstlichen Seite eine Eingangsöffnung besaß. Diese Erdanlage wurde etwa um 2300 v.Chr. erbaut.

In dem flachen Bereich innerhalb des Grabens fand man bei den Ausgrabungen sechs konzentrische ovale Ringe aus runden Löchern, in denen sich Holzpfosten verschiedener Größe befunden hatten.

In der Nähe lag ein Grab (heute durch eine kleine Steinpyramide *(Cairn)* aus Feuerstein gekennzeichnet), in dem sich das Skelett eines dreijährigen Kindes befand, dessen Schädel gespalten worden war, ehe man es begrub. Möglicherweise handelte es sich um ein Weihebegräbnis. Es ist einer der wenigen Beweise für Menschenopfer im Britannien der Jungsteinzeit.

PHOTO: ENGLISH HERITAGE

RECHTS *Gefäß der sogenannten "Rillenkeramik"* (grooved ware), *das in Durrington Walls bei Ausgrabungen gefunden wurde (Museum von Salisbury).*

Da wir nur den Grundriß kennen, ist es sehr schwierig, die Pfostenkreise mit einiger Genauigkeit zu rekonstruieren. Es kann sein, daß sie frei standen, geschnitzt und bemalt waren und an ihrem oberen Ende in verschiedener Höhe eventuell durch Deck-

ENGLISH HERITAGE

OBEN *Mögliche Rekonstruktion von Woodhenge. Innerhalb der Erdanlage befanden sich Ringe, bei denen es sich um Pfostenlöcher handelte. Wie die Pfosten verwendet wurden, läßt sich nur vermuten. Am verständlichsten werden sie jedoch als Rahmengerüst eines kreisförmigen Gebäudes. Die dicksten und höchsten Pfosten könnten den Dachfirst getragen haben, wobei das Dachgesims auf kleineren Pfosten geruht hätte. Dies hätte dann im Inneren einen Lichthof freigelassen.*

PHOTO: ENGLISH HERITAGE

OBEN *Symbolische Äxte aus Kreide, die man bei Ausgrabungen in Woodhenge fand (Museum von Devizes).*

balken verbunden waren – vergleichbar mit den Decksteinen von Stonehenge. Andererseits könnte es sich jedoch auch um die Stützpfosten eines überdachten Gebäudes handeln. Da die größten Pfosten im dritten Ring liegen, wäre dieses Gebäude wahrscheinlich einer riesigen strohgedeckten Scheune ähnlich gewesen, die man zu einer Kreisform gebogen hatte, so daß sie in der Mitte einen offenen Raum umschloß.

Wie immer auch seine ursprüngliche Form gewesen sein mag – bei diesem Holzbau handelte es sich wahrscheinlich um einen Tempel, einen Ort für Stammeszusammenkünfte oder eine Kombination aus beidem. Die Entdeckung der symbolischen Axtklingen, die aus weichem Kreidegestein geschnitzt und in Pfostenlöchern der beiden äußeren Ringe von Woodhenge begraben worden waren, deutet auf Nutzung zu besonderen oder religiösen Zwecken, bei denen diese Äxte eine besondere Bedeutung hatten. Die in Stonehenge in Stein gehauenen Axtklingen aus Bronze (Seite 14) weisen auf die lange fortdauernde Verwendung der Axt als Symbol hin.

Coneybury Henge

Coneybury Hill liegt 1,3km südöstlich von Stonehenge in einem Gebiet, das sehr stark beackert wurde. An der Erdoberfläche ist nichts mehr zu sehen und der Zugang ist nur auf den markierten Fußweg beschränkt, der auf der Karte auf Seite 31 gezeigt wird.

Die wahre Natur dieses *Henge*–Denkmals ergab sich zum ersten Mal aus einer Analyse von Luftaufnahmen. Ausgrabungen 1980 ergaben dann den Nachweis für einen kreisförmigen Graben, der eine Anlage aus Pfostenlöchern und Gruben umgab, von denen einige Keramik aus der späten Jungsteinzeit enthielten. In den umliegenden Feldern wurden verstreut Feuersteinwerkzeuge gefunden. Ausgrabungen nördlich von Coneybury ergaben 1983 den Beweis für häusliche Tätigkeiten.

Coneybury Henge scheint nur eine sehr kurze Zeit genutzt worden zu sein, ehe er aufgegeben wurde.

Runde Hügelgräber *(Round Barrows)*

Überall um Stonehenge befinden sich in der Landschaft verstreut runde Hügelgräber. Es handelt sich hier um die Grabhügel von Menschen der frühen Bronzezeit. Viele sind heute durch häufiges Pflügen eingeebnet, so daß anzunehmen ist, daß sie ursprünglich sehr viel zahlreicher waren, als dies heute erscheint. Selbst jetzt kann man in einem Umkreis von 3km um Stonehenge mehr Grabhügel der gleichen Größe sehen, als in irgendeiner vergleichbaren Gegend Großbritanniens.

Viele von ihnen sind in Gräberfeldern gruppiert, die sich in einer Reihe auf einer Anhöhe entlangziehen. Eines der größten ist 800m südlich von Stonehenge auf der Kuppe von Normanton Down zu erkennen. Ein markierter Fußweg führt vom Parkplatz von Stonehenge aus dorthin.

Eine weitere Gruppe, die *Cursus Barrows*, liegen auf dem ansteigenden Gelände nach Nordwesten hin, eine dritte, die sogenannten *King Barrows* werden von den beiden Buchenwäldchen nach Osten hin verdeckt. Auch zu diesen Gräbergruppen führen gekennzeichnete Fußwege.

Ein gut erhaltenes Gräberfeld verläuft in nordöstlicher Richtung vom Verkehrskreisel der A303 an der Winterbourne Stoke Kreuzung, 2,4km von Stonehenge entfernt. Die Gräber sind am besten von dem gekennzeichneten Fußweg aus zu sehen, der auf der Karte eingezeichnet ist. Die Hauptstraße entlangzugehen, kann gefährlich sein. In diesem Gräberfeld finden sich Beispiele der verschiedenen Arten runder Hügelgräber, die man im Gebiet von Stonehenge findet. Am weitesten von der Kreuzung entfernt liegen einfache, schalenförmige Grabhügel, mit oder ohne umgebenden Graben. Sie werden als Schalenhügel *(Bowl Barrows)* bezeichnet. Näher an der Kreuzung, am Waldrand gelegen, finden sich zwei glockenförmige Grabhügel *(Bell Barrows)*, bei denen der Rand des großen Hügels von dem ihn umgebenden Graben durch einen flachen Bereich getrennt ist. Noch etwas näher an der Kreuzung überschneidet sich der Graben des glockenförmigen Hügels mit einem eingetieften Grabhügel *(Pond Barrow)*, einer sehr seltenen Form, bei der eine zentrale kreisförmige Vertiefung von einem ringförmigen Erdwall umgeben ist. Von dieser Art Grabhügel sind nur vierzig bekannt, die alle in Wessex liegen. Einige enthalten Grabstätten, andere wiederum umschließen ein Pflaster aus Feuerstein, auf dem möglicherweise Zeremonien zu Ehren der in der Nähe liegenden Toten stattfanden.

Nördlich der glockenförmigen Grabhügel und außerhalb der Haupt-Ausrichtungslinie befinden sich zwei scheibenförmige Grabhügel *(Disk Barrows)*, bei denen kleine Hügel in einiger Entfernung von einem Graben mit äußerem Wall umgeben sind. In ihrer Nähe, nach Nordosten hin, liegt ein schalenförmiger Grabhügel *(Bowl Barrow)* von einem Graben umgeben und ein zweiter eingetiefter Grabhügel *(Pond Barrow)*, der etwas größer ist als der erste.

Die Hauptausrichtung dieser Grabhügel liegt auf einer Achse mit dem Hünengrab aus der frühen Jungsteinzeit in der Nähe des Kreisels.

Dies läßt vermuten, daß dieses Gräberfeld über einen Zeitraum von 1500 Jahren oder länger ständig zur Bestattung der wichtigsten Mitglieder einer Herrscherfamilie benutzt wurde. Die übrigen Gräberfelder dieser Gegend gehören wahrscheinlich zur gleichen besonderen Gruppe, und man nimmt an, daß sie nicht der Bestattung der Allgemeinheit dienten. Es ist ganz offensichtlich, daß, wo diese Gräber in einer langen Geraden ausgerichtet wurden, die scheibenförmigen Grabhügel immer etwas abseits liegen. Dies weist darauf hin, daß sie zu einem etwas späteren Datum entstanden.

An den meisten Hügelgräbern um Stonehenge fanden Anfang des neunzehnten Jahrhunderts teilweise Ausgrabungen statt. Die dabei gefundenen Grabbeigaben sind in den Museen von Devizes und Salisbury zu sehen. Männer wurden oft mit Waffen, wie z.B. Dolchen und Streitäxten aus Bronze, Kriegsbeilen aus Stein, bestattet. Diese sind als Symbole von Rang oder Autorität zu sehen, wie etwa das Schwert, das ranghohe Offiziere moderner Streitkräfte heute bei besonderen zeremoniellen Anlässen tragen. Frauengräber enthielten Halsketten aus Perlen und anderen Schmuck. Zu Beginn der Bronzezeit wurden die Toten gewöhnlich in Hockstellung in einem aus der Kreide ausgeschachteten Grab bestattet. Später wurde das

WEST AIR PHOTOGRAPHY

Verbrennen der Toten auf einem Scheiterhaufen zunehmend üblich und schließlich zur Regel. Die Asche wurde in kleine Gruben oder in Tongefäße gefüllt, ehe der Grabhügel darüber aufgehäuft wurde. Manchmal erfolgte die Bestattung auch erst später in bereits vorhandenen Hügelgräbern. Zwischen den Hügelgräbern liegen außerdem auch Flachgräber.

Trotz ihrer außergewöhnlich hohen Zahl können die Hügelgräber um Stonehenge lediglich die Grabstätten führender Mitglieder der führenden Familien jeder Generation gewesen sein – die Führungsschicht, die den Reichtum und die Macht besaß, Transport und Errichtung der Blausteine und Sarsensteine von Stonehenge zu befehlen. Es handelt sich hier nicht um die Grabstätten des einfachen Volkes, das die Arbeit leistete und dessen einziges Denkmal Stonehenge selbst ist.

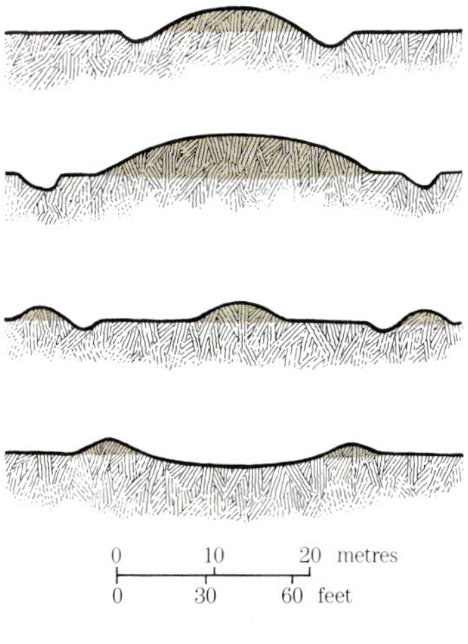

OBEN *Luftaufnahme der Grabhügel an der Winterbourne Stoke Straßenkreuzung. Einzelheiten sind dem Schlüssel zu entnehmen.*

LINKS *Vier Arten runder Hügelgräber. Von oben nach unten: schalenförmig, glockenförmig, scheibenförmig und eingetieft.*

Museen der Gegend

Die Bildunterschriften der in diesem Führer abgebildeten Gegenstände geben an, in welchem Museum sie zu sehen sind.

Unter den zahlreichen Museen der Gegend empfehlen wir nachstehende. Der Besucher wird jedoch gebeten, sich vor Antritt einer längeren Reise über Öffnungszeiten zu informieren.

Museum von Salisbury und South Wiltshire
The King's House, 65 The Close, Salisbury SP1 2EN
Geöffnet: Montag bis Samstag (im Juli und August auch am Sonntagnachmittag).
Telefon: 01722 332151
Ausgrabungen in der "Stonehenge Gallery" und eine Sonderausstellung "Die frühen Bewohner Wiltshires".

Museum von Devizes
Archäologischer und Naturwissenschaftlicher Verein, Wiltshire
41 Long Street, Devizes, SN10 1NS
Geöffnet: Dienstag bis Samstag
Telefon: 01380 727369
Gegenstände aus den Hügelgräbern und andere prähistorische Sammlungen. "Henge Monument"-Raum.

Alexander Keiller Museum, Avebury
Avebury, Marlborough, SN8 1RF
Geöffnet: Montag bis Sonntag
Telefon: 01672 539250
Gegenstände aus Feuerstein und Tonwaren von Ausgrabungen in Avebury, Windmill Hill, Silbury Hill und West Kennet.

WILTSHIRE ARCHAEOLOGICAL & NATURAL HISTORY SOCIETY

OBEN *Der Altertumsforscher William Cunnington auf der Heimfahrt von einer Expedition nach Stonehenge, etwa 1802. Seine Tochter hält den Fund des Tages im Arm, eine große Urne aus einem der Hügelgräber. Viele der gefundenen Gegenstände befinden sich heute in Museen.*